# Walter Benjamin : un itinéraire philosophique

## Ouverture philosophique

*Collection dirigée par Aline Caillet, Dominique Chateau, Jean-Marc Lachaud et Bruno Péquignot*

Une collection d'ouvrages qui se propose d'accueillir des travaux originaux sans exclusive d'écoles ou de thématiques.

Il s'agit de favoriser la confrontation de recherches et des réflexions, qu'elles soient le fait de philosophes « professionnels » ou non. On n'y confondra donc pas la philosophie avec une discipline académique ; elle est réputée être le fait de tous ceux qu'habite la passion de penser, qu'ils soient professeurs de philosophie, spécialistes des sciences humaines, sociales ou naturelles, ou… polisseurs de verres de lunettes astronomiques.

### Dernières parutions

Paul DUBOUCHET, *Le « scandale Joseph de Maistre »*, 2016.
Pierre LAMBLE, *Le temps des monstres, Conscience humaine et violence de l'état, tome 4*, 2016.
Pierre LAMBLE, *Esprit et déraison, Conscience humaine et violence de l'état, tome 3*, 2016.
Pierre LAMBLE, *L'ombre de César, Conscience humaine et violence de l'état, tome 2*, 2016.
Pierre LAMBLE, *L'enfance terrible des États, Conscience humaine et violence de l'état, tome 1*, 2016.
Rafik HIAHEMZIZOU, *L'Expérience scientifique. Exposé philosophique de son développement*, 2016.
Joël BALAZUT, *La structure métaphysique du monde moderne. Heidegger et la question de la technique*, 2016.
Gilles GUIGUES, *La vertu en acte chez Aristote, Une sagesse propre à la vie heureuse*, 2016.
Yvon QUINIOU, *Misère de la philosophie contemporaine, au regard du matérialisme, Heidegger, Husserl, Foucault, Deleuze*, 2016.
Chloé DELAPORTE, Léonor GRASER, Julien PEQUIGNOT (dir.), *Penser les catégories de pensée. Arts, cultures et médiations*, 2016.
Pierre DREYFUSS, *La Photographie « de » Wittgenstein*, 2016.
Robert FOREST, *L'homme connaissant, Quatre essais de philosophie critique*, 2016.

Philippe FLEURY

# Walter Benjamin : un itinéraire philosophique

L'Harmattan

**Du même auteur**

« Georg Lukács, Ernst Bloch et l'expressionnisme », revue *La Pensée*, n°284, nov.-déc. 1992.

« Dialectique négative et hégélianisme », revue *La Pensée*, n°293, mai-juin 1993.

« Horkheimer et la philosophie de l'histoire », revue *La Pensée*, n°298, avril-mai-juin 1994.

« L'ange comme figure messianique dans la philosophie de l'histoire de Walter Benjamin », revue *Archives de sciences sociales des religions*, n°78, 37ème année, avril-juin 1992.

« Lumières et traditions, Jürgen Habermas face à Hans-Georg Gadamer », revue *Philosophie*, Institut catholique de Paris, Comprendre et interpréter, éditions Beauchesne, 1993.

Hegel et l'Ecole de Francfort, L'Harmattan, Ouverture philosophique, 2015.

Philosophie de l'histoire et cosmopolitisme, L'Harmattan, Ouverture philosophique, 2015.

Nicolas de Cues et Giordano Bruno, philosophes de la Renaissance, L'Harmattan, Ouverture philosophique, 2016.

Figures du gnosticisme, L'Harmattan, Ouverture philosophique, 2016.


5-7, rue de l'École-Polytechnique, 75005 Paris
www. harmattan.com
diffusion.harmattan@wanadoo.fr
ISBN : 978-2-343-09434-2
EAN : 9782343094342

## **Walter Benjamin : un itinéraire philosophique**

Nous tenterons ici de retracer le déploiement de la vie de Walter Benjamin, en prenant appui non pas essentiellement sur ses œuvres, mais plutôt sur les éléments extrinsèques à son œuvre. Cet itinéraire ne se contente pas d'exister sur le mode de la frise chronologique, puisqu'il est non seulement historique, enchâssé rigoureusement dans le 20ème siècle - à l'instar de Baudelaire enchâssé rigoureusement dans le 19ème siècle - mais aussi développé au sein de l'espace. Ce dernier est essentiellement celui de l'Europe qui s'étend d'Ibiza jusqu'à Moscou, en passant par Berlin et surtout Paris. L'itinéraire de Walter Benjamin est donc tous azimuts plongé au sein de l'histoire, afin d'entreprendre le sauvetage du *Trauerspiel* baroque ; remontée à la pointe de l'histoire, dans sa collaboration avec Brecht ; enfin appel à un au-delà de l'histoire, par le biais du messianisme.

Cet itinéraire n'est pas une compilation de dates marquant certains traits de la vie de Walter Benjamin sur le mode de la discontinuité. Il diffère aussi du *curriculum vitae*[1] classique ou tel que l'a rédigé Walter Benjamin lui-même. Le *curriculum vitae* est plutôt survol, mis en forme par l'auteur au cours de sa vie et donc nécessairement inachevé. A l'opposé, l'itinéraire nous apparaît comme vision posthume d'une œuvre qui se dégage dans son « agitation figée »[2], en relation avec les événements du siècle. Cette œuvre n'est pas encore totalement figée, elle se disperse dans le flot non circonscrit des fragments, essentiellement ceux du *Passagenwerk* qui laissent définitivement les écrits de Walter Benjamin dans l'inachevé ou l'agitation figée. En d'autres termes, le *terminus ad quem* et le *terminus a quo* de ses écrits fermés et ouverts[3] nous interdisent de déduire une quelconque involution ou évolution parallèle à l'élaboration de ses écrits. Pas plus que Walter Benjamin ne semble pouvoir déceler une quelconque évolution progressive dans l'œuvre de Baudelaire, il ne nous est pas possible de figurer le cheminement de Walter Benjamin sur le mode linéaire ou sagittale. Le legs de Walter Benjamin, s'il nous apparaît telle une agitation figée, se verra soumis à diverses déterminations temporelles qui ont scandé la vie de l'auteur. Cependant, il serait vain de prétendre y chercher une quelconque explication ou compréhension prétendue exhaustive résidant dans la relation de ces différentes périodes les unes avec les autres.

Nous ferons donc abstraction du point de vue éclairant le passé par le présent, ou la pensée virtuelle par la pensée ultérieure actuelle. Au modèle évolutionniste, là où le penseur se crée, telle une monade, un monde clos, idéal, prétendument évolutif, nous n'opposerons pas non plus le modèle mécaniste, diffusionniste qui transforme l'œuvre en un agrégat, pur épiphénomène élaboré en marge des événements et des éléments extrinsèques mondains. L'itinéraire est donc contradictoire, sujet à évolution ; il doit permettre d'illuminer les différents thèmes mis en œuvre. Cette illumination, s'opérant en relation avec les bouleversements sociaux, n'est toutefois pas en mesure de nous en donner la clé explicative, c'est-à-dire de les décrypter totalement. Cette mise en œuvre des différentes constellations, propres à une époque dans laquelle elle se représente, servira de leitmotiv à cet itinéraire dans son élaboration. En d'autres termes, c'est la méthode même de Walter Benjamin qui est ici à l'œuvre. Il s'agit donc aussi bien de transcender la réduction au social que celle du pur mouvement esthétique et de se concentrer sur les cristallisations, ponctuelles par essence, de processus socio-historiques. C'est le rôle des images dialectiques (*dialektische Bilder*) définies comme autant de « constellations objectives, dans lesquelles la condition sociale se représente elle-même »[4].

## 1. Enfance berlinoise

Cet itinéraire est tout d'abord marqué par la ville de Berlin, lors de la période wilhelminienne. Walter Benjamin est né en 1892, le 15 juillet, au Sud-Ouest du Tiergarten et du Zoo. Il est issu du milieu bourgeois, son père était négociant alors que les ancêtres de sa mère[5] étaient établis dans le commerce dans le Meckembourg. Son enfance nous est contée par l'auteur lui-même avec maints détails dans sa « Chronique berlinoise » et dans son *Enfance berlinoise*[6]. Walter Benjamin vit à la charnière de deux siècles : son origine l'enracine dans le 19ème siècle au sein d'une famille sécurisante, surpuissante, alors qu'il devra affronter le 20ème siècle quelque peu dénudé. Ainsi : « J'habitais le 19ème siècle comme un mollusque habite sa coquille, et ce siècle maintenant, se trouve devant moi, creux comme une coquille vide »[7]. Walter Benjamin, dans son récit autobiographique, n'élabore pas une quelconque psychologie de l'enfant structurée en différents stades. C'est au contraire son espace social, extrinsèque à sa propre personne qui est structurant. Sa vie personnelle semble même se dissimuler ou se fondre dans des éléments extérieurs, tels le téléphone, les monuments, les rues, les écoles, etc.

Alors que Walter Benjamin semble laisser dans l'ombre l'importance de ses relations avec son frère Georg (né en 1895) et avec sa sœur Dora (née en 1901), il insiste au contraire sur les relations paternelle et maternelle. Elles nous fournissent deux mondes opposés dans l'esprit de Walter Benjamin. Le père, Emile Benjamin, apparaît tout puissant, par le biais notamment de la technique qu'est le téléphone[8]. Le père effraie son fils tout autant que le téléphone ; cet intrus qui vient troubler le monde clos de la famille. Cependant, il est le médium permettant la négociation, directement plongé dans les transactions économiques. Cette double domination vis-à-vis du père et de la technique est un des souvenirs marquants de l'enfance de Walter Benjamin. Ainsi : « Le bruit avec lequel il sonnait entre deux et quatre heures [...] était un signal d'alarme [...] qui troublait l'époque de l'histoire du monde ». Et un peu plus loin, se référant à son père, emporté dans un élan dionysiaque : « [...] il réservait ses véritables orgies à la manivelle à laquelle il se consacrait des minutes durant, et jusqu'à l'oubli de soi [...] En ces temps le téléphone était accroché, comme un être dénaturé et rejeté [...] j'étais sans secours, livré à la voix qui parlait là. Il n'y avait rien qui adorait la violence étrange et inquiétante avec laquelle elle fondait sur moi »[9].

Walter Benjamin est déjà l'objet d'une double désillusion ; d'un côté familial et de l'autre : refus de la technique. Cependant, cette désillusion n'est pas totale dans l'esprit du jeune Walter Benjamin et ne se double pas d'un refus global des formes d'existence. Bernd Witte l'interprète comme un refus de l'ordre patriarcal avec la reconnaissance paradoxale de la bonté matriarcale. Nous savons par ailleurs que Walter Benjamin s'intéressera au thème du matriarcat, tel qu'il fut développé par Bachofen. Walter Benjamin nous propose ainsi sur le mode de l'anticapitalisme romantique, une image gynécocratique de la société. Ainsi, à l'instar des écrits de Bachofen, le monde archaïque matriarcal propose un modèle reposant et opposé au monde du travail et du rendement. La figure maternelle permet donc d'échapper à la contrainte paternelle. La mère semble réconcilier l'enfant avec lui-même, notamment lorsqu'elle intervient activement dans le domaine de la narration. Elle tient le petit Walter Benjamin en suspens car elle est là pour envelopper son fils dans le conte. La mère possède la force archaïque de narrer, donc de transmettre des expériences au sens fort (*Erfarhrungen*), elle a le pouvoir que Walter Benjamin lui-même ne peut plus discerner à l'œuvre au sein de la modernité[10].

La mère est illuminée, resplendissante en particulier dans le passage sur « la fièvre ». Ainsi : « La douleur était un barrage qui ne résistait qu'au début à la narration. Plus tard, lorsque celle-ci avait pris des forces, la douleur se minait et était emportée dans l'abîme de l'oubli [...] la main de sa mère ruisselait déjà d'histoires [...] »[11]. La narration replace Walter Benjamin au sein de son *genos* ; sa vie, son enfance prennent alors sens et ce, par le biais de l'aède qu'est sa mère. L'*épos* maternel est donc présent, mais nécessairement sa présence devra s'effacer au profit de l'institution scolaire. Cette première institution sera pour Walter Benjamin le lycée Kaiser-Friedrich, qu'il fréquente depuis Pâques 1902 à Berlin. Ce fut un échec au sens où il ne put s'accommoder de l'institution scolaire ; tout comme il ne pourra s'accommoder de l'Université. Après trois ans passés au lycée berlinois, ses parents l'envoient en Thuringe au pensionnat Haubinda où il restera deux ans. Il y fait la rencontre de Gustav Vyneken. Nous savons que ce pensionnat (*Landerziehungsheim*) s'oppose au Gymnasium classique. Il fut fondé en 1901 par Hermann Lietz, lequel proposait une réforme pédagogique, accentuée par Paul Geheeb et surtout Gustav Vyneken. Walter Benjamin sera héritier de l'hégélianisme du réformateur scolaire, dans ses premiers travaux de 1910. Mais dès 1902, Walter Benjamin est de retour au Kaiser-Friedrich Gymnasium, où il obtient son Abitur (Baccalauréat) en 1912, âgé alors de 20 ans. Mais bien avant et en marge de la présence scolaire coercitive, il participe à la revue *Der Anfang* de Gustav Vyneken[12]. Il fonde ainsi un cercle de lecture et de discussion avec son ami Herbert Belmore.

Cette époque est surtout marquée par un appel à la jeunesse qui, d'elle- même, doit conquérir sa dignité. Ainsi, cette jeunesse est-elle comparée à la Belle au bois dormant. Bien entendu, le prince qui vient la délivrer est la revue *Der Anfang*, à laquelle participe Walter Benjamin[13]. Tous les articles de cette époque accordent une place considérable à la croyance au progrès, que ce soit sous forme technique ou autre. Ils font leur la croyance de Vyneken au développement de l'Esprit en un sens hégélien. Il reconnaît alors le parallèle existant entre les progrès logique, technique et spirituel de la nature. Nous apercevons alors de manière rétroactive avec quelle violence Walter Benjamin dut faire rupture avec ce cercle. Walter Benjamin tiendra ce langage propre à son enfance, jusque dans son article de mai 1911 publié dans *Der Anfang* : « La libre communauté scolaire ». La rupture avec le fondateur de l'école libre de Wikersdorf et l'optimisme métaphysique qui lui est lié, s'esquisse lors du passage de l'enfance à la jeunesse, lorsque Walter Benjamin accède à l'Université.

## 2. Jeunesse de Walter Benjamin (1912-1917)

Cette période de jeunesse consacre l'approfondissement des liens de Walter Benjamin avec le mouvement de Gustav Vyneken et sa rupture, due en partie à l'apparition et au déclenchement de la Grande Guerre. Cette prime jeunesse est aussi le temps de l'élaboration des premiers écrits qui ne se démentiront pas par la suite. Ceux-ci posent les jalons d'une philosophie du langage, tout comme ils proposent une première approche du judaïsme.

Durant ces années, Walter Benjamin se trouve entraîné dans le monde universitaire, lequel fait déjà l'objet de critiques vives. Il prend le contre-pied de ce monde académique, tout du mouvement de la jeunesse. Cet engagement était d'ailleurs nourri de poésie, mais au fond restait indifférent vis-à-vis de la réalité. Cette neutralité, manifestée dès le début de la déclaration de guerre, tourne à une opposition ferme face au bellicisme[23].

L'indifférence est aussi décrétée face à l'institution universitaire où Walter Benjamin développe toutefois une amorce de sa théorie du langage ; seconde découverte importante durant ces années (avec le judaïsme). Son intérêt pour le langage fut entretenu par W. Lehmann à Munich et par E. Lewy à Berlin. Enfin, la rédaction du texte fondamental de Walter Benjamin : « Sur le langage en général et le langage humain »[24] marque l'approfondissement des relations avec Gershom Scholem. Dans ce texte, Walter Benjamin élabore une métaphysique du langage et non une linguistique. Il récuse alors ce que l'on nomme conventionnalisme en tant que positivisme vide de sens. Il tente de saisir le langage dans son origine religieuse, ce qui place le langage en parallèle de l'histoire[25].

Le langage est universel et n'est pas limité à l'activité humaine, qui n'est ici qu'un cas particulier. S'il est universel, il est communication de spiritualité mais toutefois différencié[26]. Que la nature soit animée ou inanimée, elle participe du langage. Walter Benjamin y distingue trois degrés de langage. On trouve tout d'abord le langage des choses qui est imparfait, car aux choses est refusé le son. Ensuite, vient le langage humain. Walter Benjamin affirme qu'il est « immatériel et spirituel » ; en ce sens Dieu insuffla à l'homme « vie », « esprit » et « langage »[27]. Enfin, Dieu incarne le langage créateur, puisque l'acte de nomination divin est création ipso facto. Ce schéma linguistique est inspiré par l'image de la chute, image biblique. Or, cette image est aussi porteuse de sens pour la philosophie de l'histoire. Le langage actuel de l'homme est donc la conséquence de la chute, qui suit le péché originel. La multiplicité des langues et leur dysfonctionnement sont également compréhensibles au vu de cette théorie. Le langage adamique n'est d'ailleurs pas à jamais perdu. En effet, celui-ci a-t-il à voir avec la poésie ou la critique littéraire ? Quels seront les points de passage entre cette théorie du langage et l'esthétique ou la philosophie de l'histoire ?

## 3. Romantisme et anticlassicisme (1917-1925)

Durant cette période troublée par la Grande Guerre, Walter Benjamin établit sa pensée qui repose plus sur l'essai que sur le système. Les thèmes développés semblent déjà propres à la maturité de Walter Benjamin, puisque nombre d'entre eux (*e.g.* : l'opposition du théologique et du naturel, de l'allégorie et du symbole) se retrouvent dans le *Spätwerk*, ou encore dans sa thèse sur l'origine du *Trauerspiel*.

L'année 1917 marque l'émigration en Suisse : Etat qui offre un véritable refuge pour de nombreux penseurs allemands (E. Bloch, H. Hesse, etc.). Walter Benjamin y vit avec Dora Pollack, suite à son mariage berlinois. Il fréquente plusieurs villes pour finalement s'installer à Berne à l'automne 1917. Son fils Stephan y naît en 1918. Ce séjour en Suisse est l'occasion d'une recherche pour un sujet de thèse. Il rencontre alors la philosophie kantienne et en propose une relecture faisant disparaître la transcendance de la chose en soi. Mais Kant ne peut être nié, il est le fondement irréfragable, nécessaire mais non suffisant, d'un renouveau philosophique[28]. La doctrine nouvelle, qui doit se développer, est exposée dans le texte : « Sur le programme de la philosophie qui vient »[29]. Il veut accomplir le criticisme par le platonisme, c'est-à-dire réaffirmer l'immanence et la possibilité d'accession à la chose en soi ; concept polémique au sein du néo-kantisme. Walter Benjamin n'innove pas totalement, car il se base sur les éléments de lecture de Kant qu'opère Hermann Cohen dans sa *Théorie kantienne de l'expérience*. En termes platoniciens, celui-ci substituait à la chose en soi inaccessible (*unfassbares Ding an sich*) l'Idée.

Walter Benjamin, sur ce point, veut élargir le concept d'expérience, tel qu'il était caractérisé par une certaine réduction positiviste, spécifique d'une interprétation néo-kantienne. En d'autres termes, il souhaite refonder l'expérience[30] par le nouvel instrument que constitue le langage, lui-même rattaché à l'expérience religieuse. Le langage doit ainsi corriger la pensée mécanique ou unilatérale. Walter Benjamin fait ici appel à Hamann, à l'instar de sa position énoncée dans l'article : « *Uber Sprache überhaupt und über die Sprache des Menschen* »[31], Kant doit donc être rectifié.

De plus, au sommet de tous ces domaines, il faut encore mentionner la religion. Toute doctrine philosophique doit ainsi tendre à son illumination théologique[32]. Celle-ci nécessite cependant le langage qui permet de surmonter la contradiction du sujet et de l'objet. Les rapports entre ceux-ci expriment la problématique philosophique d'une époque : ils occupent les travaux de Lukács dans sa *Théorie du roman*, ou encore ceux d'Ernst Bloch. Ces intellectuels vivent l'écroulement de la prospérité ou de la belle apparence wilhelminienne et y réagissent par un anticapitalisme romantique plus ou moins prononcé[33]. La réaction semble plus forte chez Lukacs que chez Walter Benjamin. Celui-ci entretient en outre des relations avec E. Bloch, dont il fait la connaissance en 1918 à Berne, l'année où est publié l'*Esprit de l'utopie*. Son attrait pour le langage pousse aussi Walter Benjamin sur les pas de E. Bloch, mais ces relations restent distantes. A l'instar de Heidegger, qui travaille sur la philosophie médiévale du langage (Duns Scot), Walter Benjamin veut fonder son programme par un retour à la scolastique[34]. Walter Benjamin prend donc appui non pas uniquement sur le romantisme, mais aussi sur la théologie. Il rejette le néo-kantisme, positiviste, tout comme Bloch, influencé lui aussi par le romantisme d'un Fichte ou d'un Schelling. Ce repli vers le romantisme semble favorisé par cette période de « culpabilité » et d'effondrement qu'est l'année 1918.

Durant l'été, il étudie les textes originaux du romantisme. Sa thèse était déjà définie dans sa correspondance[35]. Elle porte sur le concept romantique de critique d'art que, selon Walter Benjamin, les romantiques nous ont légué ; ce concept étant une nouveauté. Cet appel au romantisme ira s'amplifiant dans toute l'œuvre de Walter Benjamin. Il réapparaîtra dans l'*Origine du drame baroque* et dans sa métaphysique de la nature, qui n'est qu'apparence nocturne opposée au monde messianique. En d'autres termes, Walter Benjamin ne fera pas rupture avec le romantisme de sa jeunesse, à l'opposé d'un Lukacs par exemple. Cette thèse sur le romantisme est élaborée durant l'hiver 1918-1919. Walter Benjamin reconnaît que sa thèse est elle- même amputée du thème messianique. Ce thème central dans la pensée de Walter Benjamin ne peut être publié dans un écrit conventionnel, universitaire. Il reconnaît lui-même qu'une telle rédaction implique une mutilation, un sacrifice[36]. Mais l'essentiel reste la définition de l'activité critique elle-même : celle-ci accomplit, accroît, absolutise l'oeuvre[37]. Ces formules, qui font appel au transcendant, laissent aussi deviner l'arrière-plan messianique de la thèse, soutenue avec succès en 1919 (juillet), sous la direction de Richard Herbertz. Le messianisme implicite de cette thèse élude les problèmes de philosophie qui sont, au fond, messianiques. Autrement dit, la philosophie de l'histoire messianique n'est pas scolarisable ou universitaire.

Durant l'automne 1919, Walter Benjamin reste ensuite en compagnie d'E. Bloch, avant de passer l'hiver en Autriche à Vienne. En mars 1920, il retourne à Berlin, suite aux aléas de la crise économique, son père étant partiellement ruiné. Cette période coïncide avec le début d'une agitation familiale, bien que Walter Benjamin ait pour objectif de passer son habilitation. Entre-temps, il projette d'éditer une revue, ce qui s'avèrera un échec. Cette revue, conçue par lui, était l'*Angelus Novus*, selon le tableau de Paul Klee qu'il s'était approprié. Les premiers travaux - avec la collaboration de G. Scholem, d'E. Bloch ou de Florens Christian Rang - devaient paraître en août 1921. Walter Benjamin nous en relate les joies[38] de l'éditeur, lesquelles seront de courte durée. La figure de l'« Ange Nouveau » restera toutefois un leitmotiv de la pensée de Walter Benjamin jusqu'aux « Thèses » de 1940. Elle trouve son origine dans une légende talmudique : l'« Ange » ramasse dans les débris de l'histoire certains éléments qui peuvent être sauvés ou qui peuvent mener au salut. Ces éléments sont portés devant Dieu, qui reste la référence suprême. Enfin, n'oublions pas que l'Ange tourne le dos à l'avenir, qui ne peut pas être synonyme de progrès[39].
Cette figure angélique, récurrente dans l'œuvre de Walter Benjamin, peut donc aussi bien revaloriser la pensée religieuse, comme figure archaïque, que l'esthétique avant-gardiste d'un Paul Klee. Walter Benjamin sera lui-même attiré par ces deux mouvements. A l'extrême de l'avant-garde, il peut aussi nous apparaître comme celui qui justifie la scolastique. Sur ce point s'exprime toute l'ambiguïté, le paradoxe d'une pensée où les extrêmes se complètent sans se synthétiser.

Après l'échec de la revue, Walter Benjamin entreprend la rédaction de son premier essai essentiel, quantitativement le plus important : l'essai sur les *Affinités électives*. Il est élaboré en 1921-1922. Rappelons que Walter Benjamin développe ici son activité de critique romantique anticlassique. Il ne se prête pas à un commentaire ou à une analyse classique, mais à une critique. Il compare son activité à celle de l'alchimiste, alors que, précisément, l'exégèse classique n'est que chimie[40]. En revendiquant le terme et le concept d'alchimie, nous pressentons jusqu'à quel point Walter Benjamin se démarque de tout positivisme, de tout rationalisme. Autrement dit, l'alchimiste va au-delà du monde de l'apparence : il cherche à élucider la nature, l'essence de l'objet étudié ; prétention étrangère au monde scientifique positiviste. La première attitude, nécessairement réductible, repose sur l'analyse superficielle ; la seconde métamorphose son objet, l'illumine. N'oublions pas que Goethe lui-même semble faire œuvre de chimiste dans son roman. Le titre est lui-même emprunté au *Physikalisches Wörterbuch* (1787-1795) de F. S. T. Gehler, où nous retrouvons la formule *attractio electiva duplex*, formule lancée par le savant Torbern Bergman. Or, ce titre fait bien allusion à un phénomène chimique particulier, lequel est naturel. L'homme y apparaît donc dominé par la forme naturelle, qui prend la forme d'une nécessité inéluctable, tout comme si les lois de la nature s'étaient transmises aux sentiments humains. De fait, l'interprétation de Walter Benjamin portera sur le concept de nature, puisque Goethe incarne le symbolisme classique qu'il récuse. Il est bon aussi de rappeler que la méthode alchimiste aborde l'œuvre sous l'angle de l'histoire. Ainsi, au fur et à mesure que la distance temporelle historique augmente - autrement dit que le caractère « auratique » de l'œuvre se reconstitue - la perception critique de l'œuvre change. Par conséquent, le critique ne vise pas tant la teneur objective que la teneur de vérité[41].

Derrière cette méthodologie critique, s'engage de fait une polémique contre Gundolf[42] et contre Dilthey. Gundolf se fait l'héritier de l'herméneutique et de l'« intropathie »[43], ou encore des concepts idéalistes d'expression et de représentation de la vie. Nous savons avec quelle force ces concepts seront dénoncés par Walter Benjamin tout au long de son œuvre. Gundolf nous donne l'exemple même de ce qu'est l'interprétation symbolique, classique du texte littéraire[44]. Walter Benjamin base son interprétation sur ses propres catégories philosophiques, dont le texte de Goethe fournit le prétexte. Le mythe est une de ces catégories centrales, chargé de négations. Il appartient à la sphère historique en tant que l'histoire se définit par la répétition du même, qui a un caractère mythique[45]. Le mythe appartient à l'existence naturelle, il est violence ou culpabilité du point de vue théologique. Il nous révèle la fausse apparence du symbole classique. Or, justement, cette fausse apparence est celle du monde romanesque[46] qui ne figure que la reproduction infernale de la vie naturelle, catastrophique en son fond.

Le roman de Goethe est fondé d'ailleurs dans son ensemble sur le mythe, ainsi que le mariage qui n'a pas ici directement de valeur morale. Même le personnage d'Odile, qui semble en appeler à une certaine sainteté, se voit entraîné vers le monde mythique, selon Walter Benjamin. Odile reste en effet muette, inapte au langage vivifiant. En ce sens elle reste naturelle, coupable au sens théologique. Ce jugement, qui va à l'encontre des exégèses concernant Odile, porte d'ailleurs dans l'esprit de Walter Benjamin sur l'ensemble du texte de Goethe. Ce jugement, où opèrent les catégories historiques et esthétiques de Walter Benjamin, repose essentiellement sur divers dualismes : Nature/Dieu, Silence/Langage, Mythe/Vérité, Destin/Liberté, etc.

Sur ces déterminations, viennent se greffer le classicisme et le romantisme, ou encore le symbole et l'allégorie. Cependant, il faut ajouter que Goethe conçoit les *Affinités Electives* en y joignant une nouvelle : *Etonnants Jeunes Voisins.* Walter Benjamin oppose ces deux formes littéraires : alors que le roman renvoie à l'Hadès, la nouvelle permet le lever du jour[47]. Et encore, alors que dans le roman les héros sont liés au mauvais sort naturel, dans la nouvelle les personnages se situent au-delà de la liberté et du destin. D'ailleurs, alors que les héros du roman échouent, ceux de la nouvelle sont sauvés tous les deux. L'amour, tel qu'il est décrit dans cette nouvelle, est donc rupture avec la nature et pressentiment d'une vie bienheureuse[48]. Walter Benjamin, au contraire, n'a pas connu cette vie bienheureuse et semble avoir projeté le personnage de Julia Cohn sur Odile. Elle perturba d'ailleurs le ménage de Walter Benjamin, lequel finalement divorça en 1930. Odile, à l'image de Julia Cohn, semble distante et elle est posée comme idéal. Elle a ainsi valeur de figure « auratique » inaccessible, exprimée par son mutisme. Walter Benjamin interprète une phrase clé de Goethe : « l'Espérance passa au-dessus de leurs têtes comme une étoile qui tombe du ciel »[49], visant ici Odile et Edouard. Il semble qu'il y ait un salut possible, or Walter Benjamin justifie ce salut comme théologique, c'est-à-dire antinaturel. Il s'oppose d'ailleurs au sens classique attribué par Goethe à cette phrase.

Alors que, dans le roman, l'étoile du ciel apparaît comme illusion, comme irréelle, elle signifie chez Walter Benjamin, l'irruption allégorique du messianique dans le monde naturel. Dans la suite du roman, Edouard et Odile provoquent l'accident sur le lac, accident qui passe au second plan dans l'exégèse allégorique de Walter Benjamin. Or, si le salut est possible, il est rupture totale avec la nature, et non sa relève (*Aufhebung*).

Il n'y a pas tant complémentarité entre la nature et l'esprit, qu'opposition et contestation. Celle-ci vise essentiellement le symbole et l'expression de la totalité classique. Ainsi, l'allégorie romantique ne nous laisse-t-elle comme résultat que le « torse d'un symbole » ou encore l'« inexpressif »[50]. En d'autres termes, l'expression de la totalité esthétique ou de l'harmonie conçue comme immanence des parties, des particularités avec le tout ou l'universel, est un mythe. Nous voyons avec quelle force Walter Benjamin s'oppose à toute esthétique de la totalité, telle qu'elle sera exposée chez Lukács et auparavant chez Hegel. A l'opposé, son essai sera reçu avec éloge chez Hugo Von Hoffmansthal et par Florens Christian Rang. C'est d'ailleurs Hugo Von Hoffmansthal qui publiera l'essai de Walter Benjamin, dans ses *Neue Deutsche Beiträge*[51]. Cette revue était une aubaine et un lieu privilégié pour Walter Benjamin, lequel pouvait suppléer en partie à l'échec de la parution de *l'Angelus Novus* ; Walter Benjamin pouvait y attaquer le cercle constitué autour de George ainsi que de Gundolf. En outre, ce succès fut perçu telle une réhabilitation envers tous (dont les parents de Walter Benjamin) qu'il tend à parachever en se lançant dans la recherche, notamment par sa thèse d'habilitation.

Fin 1922, il n'est pas encore arrêté et prévoit une « habilitation en germanistique »[52]. Il parcourt plusieurs villes dont Heildelberg et Francfort, où il rencontre le sociologue Gottfried Salomon et le germaniste Franz Schultz. Il s'installe finalement à Francfort durant l'été 1923. Cette recherche de thèse est tout d'abord dictée par des impératifs économiques ; la survie de sa famille étant assurée par le travail de sa femme[53]. L'année 1923 plonge Walter Benjamin dans le désarroi et le met en contact avec la réalité allemande d'après-guerre. Il aborde alors une critique sociale de cette époque dans ses « Pensées pour une analyse de l'état de l'Europe centrale[54], écrites dès 1923. Il y mêle les catégories métaphysiques et les concepts économiques. Il y dénonce le rôle de l'inflation, la domination de la marchandise, parallèlement à la désintégration du langage. La classe visée par cette critique est explicitement mentionnée : la bourgeoisie allemande[55]. Mais Walter Benjamin élabore, à partir du cas particulier de l'Europe centrale, une théologie de l'histoire - *in statu nascendi* - dont certains thèmes réapparaîtront dans le *Spätwerk*.

Walter Benjamin propose une sortie possible hors de cet état de culpabilité. Il veut rompre avec la médiocrité de la vie mondaine, quotidienne, qui nous présente le « retour du même » comme archétype. Seule une rupture discontinue permet alors le salut et ce, dans une perspective théologique. L'apparente stabilité et l'illusion de la rationalité de l'histoire sont ainsi dénoncées. Autrement dit le salut, s'il peut être, ne peut se concevoir qu'en opposition avec l'ordinaire, c'est-à-dire comme appel de l'extraordinaire interruption messianique[56].

Tous ces thèmes récurrents dans l'œuvre de Walter Benjamin apparaissent clairement énoncés dès 1923. Le salut reste incompréhensible, anhistorique, opérant une rupture définitive avec l'anonymat mondain. La crise sociale est justement symptomatique et prétexte à une telle interruption messianique. Cette conception lui fut inspirée, en partie, par les relations étroites avec Florens Christian Rang. Le messianisme de celui-ci, non orthodoxe dans la perspective chrétienne, sera déterminant pour la philosophie de l'histoire de Walter Benjamin, laquelle prend forme tout d'abord dans le *Trauerspielbuch*. Walter Benjamin exprime son assentiment envers la vision messianique et individualiste de Florens Christian Rang, lorsque celui-ci fait paraître en 1924 son volume : *Chantier Allemand* (*Deutsche Bauhütte*).

Le « chantier » doit être dans l'esprit de l'auteur un lieu de rencontre cosmopolite permettant non pas tant une alliance ou une reconnaissance des différentes communautés, mais plutôt une alliance des différentes consciences. On perçoit bien l'arrière-plan idéaliste d'une telle suggestion. Elle se base sur une opposition à l'Etat et donc sur un repli parallèle envers la subjectivité. Notons que Walter Benjamin tente de reconstituer, avec Florens Christian Rang, cette alliance du judaïsme et de la pensée allemande. Il y réitère, suivant des modalités différentes, le type de relation entretenue avec Fritz Heinle. Récusant l'engagement purement judaïque, il se démarque dès l'abord de Martin Buber ; tout comme il renoncera au sionisme entendu comme fin en soi. En ce sens, *l'Origine du drame baroque allemand* résulte bien de la conjonction de ces deux centres d'intérêt. Il s'agit ici de sauver une section de la littérature allemande oubliée et ce, selon la méthode allégorique, laquelle ne prend sens chez Walter Benjamin qu'en relation avec l'herméneutique judaïque. Walter Benjamin nous relate ce cheminement dans sa correspondance[57]. L'objet est germanique mais la méthode est messianique.

Cette recherche, il l'approfondit lors de son retour à Berlin en août 1923, alors qu'il rencontre durant l'été, à Francfort, Theodor Wiesengrund Adorno. L'hiver de l'année 1923-1924 est consacré à l'étude des sources du *Trauerspiel*. Début mai, il part à Capri, et le plan de la thèse se dégage vers la mi-septembre, puisqu'il l'annonce à Gerschom Scholem[58]. Il faut toutefois noter que ce plan n'a rien de définitif, et la révision faite par Walter Benjamin à son égard est significative. Dans la correspondance avec Gerschom Scholem, l'allégorie semble synthétiser sa thèse, suivant le modèle ternaire : thèse, antithèse, synthèse. De fait, l'ouvrage prend une autre forme, on y décèle deux orientations dont le *Trauerspiel*. Cette seconde conception binaire laisse ouverte la composition. L'allégorie n'apparaît en rien comme totalité close ou synthétique. A Capri, Walter Benjamin fait aussi la connaissance d'une révolutionnaire russe : Asja Lacis. Il s'oriente alors vers le communisme[59], par le biais notamment de Lukács et en particulier d'*Histoire et conscience de classe*. Il est à noter que cette approche du communisme n'apparaît pas directement dans le *Trauerspiel*.

En octobre de la même année, Walter Benjamin retourne à Berlin alors qu'il rencontre le fascisme en Italie. Fin décembre, le brouillon de la thèse prend tournure, il reprend la bipartition énoncée entre *Trauerspiel* et tragédie, et allégorie et *Trauerspiel*. Son étude de l'allégorie est toujours définie comme sauvetage[60]. Ce concept restera d'ailleurs un leitmotiv dans la philosophie de l'histoire et l'esthétique, ici imbriquées. L'*Origine* du drame baroque attaque de front l'esthétique symbolique, ce qui prolonge donc l'essai sur les *Affinités électives*. Elle nous donne une image pessimiste de l'histoire disjoignant rationalité et réalité, image récurrente et réapparaissant dans les « Thèses » de 1940. Enfin, elle recueille la critique romantique, laquelle disjoint nature et raison, immanence et transcendance, tout en insistant sur l'aspect nocturne de la nature (cf. *Le concept de critique d'art dans le romantisme allemand* et aussi le *Dialog über die Religiosität der Gegenwart*[61].

Par ailleurs, dans la « préface », Walter Benjamin redéfinit sa théorie de la connaissance. En relation avec le langage, cette théorie propose un modèle faisant rupture avec le positivisme ou le conventionnalisme linguistique. Le langage est ainsi défini comme le vrai médium de la vérité. Walter Benjamin reprend ici les données programmatiques énoncées dans : *Uber Sprache überhaupt und über die Sprache des Menschen*[62].

A partir de ces prémices, il vise la destruction de la pseudo-totalité non-harmonieuse. La réalité, au contraire, nous apparaît comme essentiellement contradictoire. Les opposés ne sont pas tant synthétisables ou complémentaires que tragiquement antinomiques. Il n'y a donc pas de dialectique close et progressive chez Walter Benjamin. Ces antinomies se retrouvent dès le début du *Trauerspiel*. Ainsi le roi, dans le drame baroque, peut figurer tel un tyran ou tel un martyr. De même la cour royale peut être aussi bien le lieu de l'intrigue que de la vie courtisane. Enfin, le temps tel qu'il apparaît dans le drame baroque peut revêtir un caractère catastrophique ou bien paradisiaque ; ce que Walter Benjamin nomme l'acmé[63]. Ces antinomies ne sont pas source de progrès et évoluent dans un monde historique que Walter Benjamin nomme l'Histoire-nature. S'il n'y a pas de salut dans le drame baroque, cela explique sa tendance à la mélancolie. La vie y est d'ailleurs déterminée par la mort, paradoxalement. Cette vie est ainsi violence et séparée naturellement du transcendant. Le *Trauerspiel* dévoile donc la force de la nature dans le cours de l'histoire[64].

La seconde partie de la thèse reprend cette conception de l'Histoire-nature, mais Walter Benjamin infléchit sa méthode d'analyse. Il s'évertue à sauver l'allégorie[65] relative au drame baroque. Celui-ci s'oppose au monde symbolique déjà mentionné. Cette croisade ne prend son sens que si elle est mise en relation avec les textes premiers de Walter Benjamin. A partir de ceux-ci, il semble opportun d'affirmer que l'esthétique de Walter Benjamin est anti-classique et, parallèlement, allégorique. C'est d'ailleurs en ce sens que Lukács critique Walter Benjamin[66]. L'allégorie disjoint la réalité et le rationnel, l'immanent et le transcendant, le mythique et le divin. Ce divin n'est pas totalement absent de l'œuvre d'art baroque et Walter Benjamin mentionne ici l'intervention divine par le biais de l'expression *pondera-cion mysteriosa*[67]. Celle-ci est l'expression du salut, de l'intervention finale, messianique, de la transcendance. Autrement dit, l'allégoricien n'est pas voué de manière tragique à demeurer ici-bas, mais il peut être lui aussi appelé à quitter l'Histoire-nature.

L'allégorie présuppose aussi, pour accéder à la transcendance, cette rupture messianique avec la mondanité. En ce sens, le modèle esthétique de Walter Benjamin est aussi modèle de philosophie de l'histoire. L'allégoricien, s'il accède à la conscience historique, porte alors une nouvelle vue sur l'histoire. Celle-ci n'apparaît pas sous les espèces lumineuses de la délivrance, justifiée naturellement, mais comme *facies hippocratica*, c'est-à-dire comme « paysage originaire pétrifié »[68]. L'allégoricien, s'il participe à la transcendance et à la divinité, c'est en relation avec la figure privilégiée qu'est l'*Angelus Novus* chez Walter Benjamin. A l'exemple de celui-ci, le critique pratiquant l'allégorie doit sauver les débris historiques en les portant au-devant de la divinité[69].

Un tel appel à la théologie ne pouvait que s'opposer à une habilitation mondaine et universitaire. En ce sens, l'échec de sa requête d'habilitation à Francfort n'est que logique[70]. Dès septembre 1925, il s'éloigne des instances universitaires. Il est repoussé par Schultz, par Cornélius (philosophe de l'esthétique) et aussi déjà par Horkheimer, assistant de ce dernier. Les événements vont d'ailleurs se précipiter dans la vie de Walter Benjamin. Les relations avec ses parents se dégradent, et Florens Christian Rang est décédé. C'est alors que Walter Benjamin opère une accélération de l'étude du marxisme.

La perspective d'adhésion au communisme devient alors plus vive[71]. Cette volonté va d'ailleurs de pair avec ses préoccupations liées à l'édition. Il obtient encore une fois l'appui d'Hoffmansthal pour que soit édité partiellement le *Trauerspielbuch* en août 1927 dans les *Neue Deutsche Beiträge*. Puis Walter Benjamin signe un contrat avec les éditions Rowohlt à Berlin, ce qui le met en relation avec Franz Hessel. Enfin, il projette avec ce dernier de traduire les trois volumes de *Sodome et Gomorrhe* de Proust, aux éditions La forge (*Die Schmiede*). Walter Benjamin espérait obtenir par là une perspective vitale qui lui permette d'échapper à l'enseignement, fût-il universitaire. Sa relative autonomie lui permet de voyager. Ainsi, il embarqua en août 1925, à destination de l'Europe du sud. Mais, en novembre, il fait retour vers l'URSS par l'Italie. Il rejoint à Riga la révolutionnaire Asja Lacis qui y dirige un théâtre prolétarien. Il est malgré tout déçu. Il opère alors une rupture avec celle qui lui avait révélé[72] à Capri l'actualité de la révolution, ce qui n'implique pas une rupture de Walter Benjamin avec le marxisme.

## 4. Errance de Walter Benjamin (1926-1929)

Durant ces trois années, Walter Benjamin va prolonger et dépasser sa critique de l'art symbolique et classique. Il recherche un au-delà de cette critique, ce qui renforce ses liens avec le marxisme. Celui-ci est d'autant plus abordé de plein front que Walter Benjamin est amené à se déplacer à Moscou. Cette période de rupture et de conversion (quoique tempérée) au marxisme, prend forme dans les écrits réunis dans le volume : *Sens Unique.* Il y côtoie la littérature d'avant-garde et ses processus, dont le montage photographique[73] ; John Heartfield en sera le fer de lance dans sa résistance contre le fascisme dans les années 30 et notamment dans son : « Histoire naturelle de l'Allemangne : la métamorphose » (*Deutsche Naturgeschichte : Metamorphose*) qui opère par une confrontation du texte et de l'image.

Walter Benjamin lit attentivement *Le Paysan de Paris* d'Aragon, texte traduit et publié dans la *Literarische Welt* de juin 1928. Notons toutefois que l'aspect fragmenté de *Sens Unique* et son accueil du montage l'inscrivent dans la ligne directe du processus de figuration allégorique, propre au *Trauerspielbuch.* Le montage n'est-il pas un des multiples avatars de l'allégorie baroque ? Ernst Bloch portera d'ailleurs un jugement significatif sur *Sens Unique.* Il y discerne une « philosophie en forme de revue »[74] qui semble proche de la formulation fragmentaire et allégorique exprimée au sens de Walter Benjamin.

Finalement, celui-ci en vient à élaborer un schéma de philosophie de l'histoire dans le texte final de *Sens Unique*[75]. Il y discerne, sur le mode comparatiste, l'histoire antique et l'histoire moderne. Alors que les Anciens vivaient dans un cosmos dont le sens était évident de fait ou de droit, les Modernes ont fait rupture avec ce cosmos. Le monde antique vivait en communion avec la nature ; communion brisée depuis la Renaissance. On reconnaît ici des éléments d'analyse empruntés, ou analogues, à l'anticapitalisme romantique du jeune Lukács - tels qu'ils apparaissent dans *La théorie du roman.* Walter Benjamin en vient ensuite, dans ce même épilogue, à dénoncer le type de rapport inauthentique existant entre l'homme et la nature[76]. Il met d'ailleurs directement en question la classe dominante et l'impérialisme. La modernité méconnaît ainsi l'ivresse antique de type dionysiaque, là où l'homme se réconciliait avec la nature. Les catégories de Walter Benjamin dans cette critique, sont implicitement marxistes. Il en appelle de fait à l'élaboration de nouveaux types de rapport avec la nature. L'humanité, et non plus l'homme en tant qu'espèce simplement biologique, doit maîtriser la nature et non plus simplement l'exploiter ou la dominer[77]. Peut-on dire par là que Walter Benjamin fonde une dialectique matérialiste originale ? N'a-t-on pas affaire à un anticapitalisme romantique ?

Pour résoudre une telle problématique, il est bon de renvoyer à l'image de l'enfant donnée par l'auteur lui-même dans le passage : « Agrandissements »[78]. L'enfant est déjà celui qui collectionne les déchets divers ; il tend à sauver - dans une perspective messianique, certes largement inconsciente - ce qui en apparence ne semble pas digne de salut. En d'autres termes, il fait déjà œuvre d'historien matérialiste. Ne peut-on y voir la figure de l'historien comme chiffonnier ? Cette figure s'exprime par la volonté de l'enfant collectionneur ; apparaissant de manière paradoxale comme un enfant désordonné[79]. Les préoccupations de collectionneur, d'historien, seront renforcées lors d'un séjour à Paris en mars 1926. Walter Benjamin cherche à se fixer dans la capitale française. Il devait notamment y obtenir un subside pour la traduction de Proust, entreprise avec la collaboration de Franz Hessel. Walter Benjamin est un des rares écrivains s'immisçant dans le milieu littéraire français et ce, par le biais de cercles germanophiles comprenant en outre Thankmar de Münchlausen, le comte de Pourtalès ou encore Bernard Groethuysen. Outre Proust, Walter Benjamin s'intéresse aux écrits de Paul Valéry (*Variété*, *Eupalinos*)[80].

Entre-temps, Walter Benjamin a déjà accepté de collaborer à des revues notoires. La première est la *Literarische Welt*, fondée chez l'éditeur Rowohlt et dirigée alors par Willy Haas[81]. Son activité la plus intense à cette revue s'échelonne de 1926 à 1929. De nombreux articles y sont publiés, dont les essais sur G. Keller, Proust ou le surréalisme[82]. La seconde revue fut la *Frankfurter Zeitung*. Ce journal, tout comme le premier, incarne le lieu des débats démocratiques dans l'Allemagne de Weimar. Le journal est dirigé par Bruno Reifenberg, et Siegfried Kracauer y occupe un poste clé. Il est à noter que les relations entre ce dernier et Walter Benjamin ne vont pas sans problèmes. Siegfried Kracauer appartient à l'Ecole de Francfort avec laquelle Walter Benjamin entretient des rapports ambivalents. Il ne fut jamais totalement reconnu en son sein[83], rencontrant, entre autres, l'opposition de Pollock et d'Horkheimer. La *Frankfurter Zeitung* sera cependant le lieu de publication de textes sous le titre : *Préimpressions* (textes s'incorporant à *Sens Unique*).

A cette collaboration littéraire, il faut ajouter la crise accompagnant la vie privée de Walter Benjamin. Julia Cohn épouse en 1926 Fritz Radt. Durant l'été, Walter Benjamin la retrouve mais tout se solde par un échec, lequel inaugure toute une série de dépressions nerveuses.
En fin d'année, il se rend à Moscou[84], ville à découvrir comme un nouveau paysage urbain. Il y arrive le 6 décembre. Cette ville lui paraît tel un obstacle. Mais le problème vient en fait d'Asja Lacis à laquelle il rend visite et avec laquelle il a rompu[85]. Moscou se révèle cependant être une expérience positive ; il y décèle l'anonymat de la grande ville, analogue à l'expérience parisienne, ultérieure, qui portera sur les Passages. Cette participation à la vie moscovite sera d'ailleurs l'occasion pour Walter Benjamin de resserrer ses liens avec le communisme. L'adhésion au

parti communiste allemand (KPD) est alors envisagée[86]. En fait, elle ne sera jamais réalisée. Cependant l'influence de sa visite en URSS se traduit dans divers articles, dont celui sur « le regroupement politique des écrivains russes »[87], paru dans la *Literarische Welt* du 11 mars 1927. En URSS, la politique l'emporte ainsi sur le pur débat, idéologique ou esthétique au sens formel. L'écrivain est un pédagogue et un guide du peuple puisqu'il alphabétise les masses. La littérature a donc une vocation universelle et non plus simplement élitiste.

Walter Benjamin distingue trois courants dans la littérature soviétique post-révolutionnaire. Il mentionne le *Proletkult* de gauche, le *Poputschki* de droite, et l'union des écrivains prolétariens (WAPP). Puis, il met en parallèle ces mouvements artistiques avec les formes politiques en présence. L'union des écrivains prolétariens, à qui Walter Benjamin donne sa préférence, est affilié au parti. Puis le *Proletkult* et le *Poputschuki* se rattachent respectivement à l'extrême gauche et à la bourgeoisie retrouvant une certaine vitalité sous la NEP. L'analyse de Walter Benjamin est devenue marxiste et non plus classique, au sens où l'auteur rattache désormais toute production littéraire à une fonction et à une crise sociale précise. Walter Benjamin s'oppose sur ce point à la prétendue autonomie du monde intellectuel ; thèse encore soutenue par le sociologue Karl Mannheim. Walter Benjamin insiste alors sur la nécessité de prendre position en faveur du prolétariat. La littérature, comme toute activité critique idéologique, ne semble alors qu'opérer un déplacement de la lutte des classes[88].

La même méthode d'approche est appliquée dans l'essai sur Gottfried Keller[89]. Walter Benjamin nous donne un exposé matérialiste des écrits suisses de Keller par une méthode apparentée à celle de *La théorie du roman* de Georg Lukács, et, par certains côtés, proche des historiens matérialistes, tel F. Mehring. La particularité de l'Etat suisse est soulignée par Walter Benjamin : il n'a pas réellement connu de révolution industrielle, il en est resté à un mode de production artisanale ou précapitaliste. Le roman type de Gottfried Keller en subit alors quelques conséquences. L'écrivain suisse nous apparaît proche du narrateur, lequel est en voie de disparition[90]. Le caractère de bourgeois précapitaliste[91] propre à l'auteur rend compte d'une production littéraire où prédominent le concret, la sensibilité, la réconciliation du sujet et de l'objet, du sens et de l'être en termes lukacsiens. Comme le philosophe hongrois, Walter Benjamin trouve une sorte d'« épopée suisse »[92] dans le monde de Keller. La narration est donc de nature épique, mais elle tend à disparaître. Si l'essai de Gottfried Keller se tourne de façon nostalgique vers le passé cosmique antique, de même que l'épilogue de *Sens Unique* ; « Vers le planétarium », il semble que Walter Benjamin ne néglige pas les tendances contemporaines artistiques, puisqu'il étudie *Le surréalisme* dans son essai de 1929. Il tend à faire un usage de ce mouvement d'avant-garde en y décelant un engagement révolutionnaire possible.

Finalement, cet essai fixe son attention sur la vie parisienne qui deviendra alors le centre de ses préoccupations. La lecture du *Paysan de Paris* d'Aragon fut d'ailleurs stimulante à cet égard[93]. Walter Benjamin en vient à étudier la rue en général et le passage en particulier. Sa méthode de mise en relation des caractères architecturaux, culturels, etc. d'un lieu, il la dénomme : « féerie dialectique »[94]. Les divers faits de la vie urbaine parisienne doivent ainsi s'illuminer les uns les autres. Il ne s'agit pas ici tant d'expliquer, de déduire, tel ou tel fait que de les mettre en relation avec la totalité de la vie urbaine. En ce sens, la rue devient « domicile du collectif »[95]. Walter Benjamin, par le biais de cette « féerie dialectique », fait rupture avec ses écrits antérieurs et propose une nouvelle théorie de l'histoire. Et si la rue est le « domicile du collectif », le passage est le temple secret de la marchandise, apparaissant dans la seconde moitié du XIX$^{ème}$ siècle.

Walter Benjamin élabore une méthodologie historique qui s'oppose déjà en tout point au positivisme. Cette opposition se retrouvera dans le *Spätwerk* puisqu'elle est à l'œuvre dans les « Thèses » de 1940. Walter Benjamin s'oppose au fait, à « ce qui a été » de manière brute. L'interprétation politique de l'historien ne doit ainsi plus simplement être passive par rapport au fait. Elle doit en rendre compte, le fixer de manière dialectique dans l'acte du souvenir. L'historien trace ainsi une ligne de démarcation entre le rêve et l'éveil qui sauve, ou bien il interprète certains faits historiques, lesquels doivent en tout cas être perçus au-delà de leur immédiateté[96]. Notons que Walter Benjamin place son changement méthodologique en histoire sous le signe kantien de la révolution copernicienne.

Ce projet des *Passages* va d'ailleurs rentrer en concurrence avec celui qui pousse l'auteur à émigrer en Palestine. Fin 1927, début 1928, Walter Benjamin projette néanmoins de s'y établir et de rejoindre Gerschom Scholem. Dans le même temps, Walter Benjamin continue de travailler aux *Passages*, tâche indéfinie et inachevée tandis qu'il rédige son article : « Goethe », destiné à la *Grande Encyclopédie Soviétique*[97]. Mais ses recherches théoriques ne sont pas les seuls justificatifs qui remettent en cause son émigration. Sa vie privée lui est de nouveau défavorable. Une dernière rencontre avec Asja Lacis clôt leur relation, tandis qu'une procédure de divorce est engagée avec sa femme, de 1929 jusqu'en avril 1930. De plus, la mère de Walter Benjamin décède le 2 novembre 1930. Walter Benjamin est alors isolé, ruiné financièrement mais il retrouve une certaine latitude dans sa vie solitaire. Toutes ces ruptures mondaines semblent lui promettre un nouveau départ. Lui-même interpréta cette période « comme le commencement d'une vie nouvelle »[98]. Il semble que ce soit là le moment opportun d'émigrer en Palestine. Il n'en fut rien. Il n'entreprend l'étude de l'hébreu que de mai à juin 1919. De fait, il ne prendra jamais parti uniquement pour le sionisme. Comme il l'avait annoncé en 1912 à Ludwig Strauss[99], il s'attachera plutôt à réconcilier culture européenne et judaïsme, bien que cette réconciliation devienne une illusion dès 1933. Enfin, il semble que le tournant effectué par Walter Benjamin au cours de ses années d'errance (de Moscou à Paris) l'ait conduit sur le chemin du marxisme et de l'énigme constituée alors par le paysage urbain parisien. La grande ville semble l'emporter sur la terre élue.

## 5. L'avènement du nazisme (1929-1933)

C'est paradoxalement au cours de cette période, marquant l'agonie de la République de Weimar, que Walter Benjamin devient un des critiques de langue allemande les plus éminents. Son œuvre est surtout polémique et fragmentée. Il procède aussi souvent par recensions, lesquelles dénoncent les enjeux de la critique littéraire. Il participe toujours à différentes revues dont la *Literarische Welt*. Il y dénonce notamment l'influence du cercle de George, qui apparaît chez Max Kommerell[100]. Dans une autre revue : *Die Gesellschaft*, il s'en prend aux théories du fascisme (Jünger). Il polémique aussi à l'égard des écrivains de gauche dont Erich Kästner, Mehring ou Tucholsky. Son article : « Mélancolie de gauche »[101] explicite alors son engagement. Il reproche alors aux poètes de trouver repli dans un monde intérieur, alors que les nécessités politiques poussent à l'action. Toujours dans le même mouvement aboutissant aux recensions, Walter Benjamin élabore quelques repères quant à sa théorie de l'histoire. Dans un texte consacré à l'étude de Siegfried Kracauer sur les employés[102], il pose la tâche de l'historien parallèlement à celle du chiffonnier. Cette image est récurrente chez Walter Benjamin et il en fera usage dans son étude sur Baudelaire. Ici, le chiffonnier apparaît déjà comme celui qui tente de sauver ce qui semble absolument rejeté. Il est la figure mondaine du rédempteur ou encore celle laïque de l'*Angelus Novus*, tel qu'il nous est présenté dans les « Thèses » de 1940. Quelle image nous en donne Walter Benjamin dans cette recension relative à Siegfried Kracauer ? Il mentionne[103] : « un chiffonnier » : mot à mot celui qui collectionne les chiffons, les guenilles. Appartient-il au Lumpenproletariat, au prolétariat, à la bohême ? Il semble plutôt incarner le paria, celui qui s'est détaché de la vie immédiate et de la lutte. Le chiffonnier met toutefois au rebut les concepts d'« humanité », d'« intériorité » et de « profondeur » .

On pourrait y ajouter la catégorie de « progrès », héritée des Lumières. Le chiffonnier, apparemment au-delà de la lutte de classes, se place-t-il réellement au point de vue de Sirius ? Notons que cette allégorie est transmise à Walter Benjamin par le poème de Baudelaire ; « Le vin du chiffonnier »[104]. Celui-ci incarne l'ange, revalorisant la conception eschatologique de l'histoire. Il n'est pas le révolutionnaire classique ou le partisan du communisme. Autrement dit, il ne pouvait être reconnu comme modèle par le K.P.D. Il est au contraire significatif de cette fin de la République. Rappelons que le chômage augmente, que les exclus se font de plus en plus nombreux. Bien sûr, c'est avant tout le nazisme qui tirera profit de ces masses. Ainsi, Walter Benjamin s'intéresse-t-il tout autant à l'« armée de réserve » qu'aux travailleurs eux-mêmes. Il veut sauver les bas-fonds dont les membres sont attirés par le fascisme. La figure du chiffonnier, dans sa particularité, peut donc prétendre à l'universel. Autrement dit, Walter Benjamin ne néglige pas l'avant-garde et ses modèles nouveaux d'expression. Il récuse la tactique : classe contre classe, ou du moins la réforme[105].

L'accueil favorable que Walter Benjamin réserve à l'avant-garde apparaît aussi dans ses travaux de radiodiffusion. Jusqu'en 1933, il participa et élabora certains programmes de la « *Südwestdeutscher Rundfunk* » de Francfort et de la « *Funkstunde* » à Berlin. On y trouve des exposés sur Hebel : « le narrateur », George, Brecht, Kafka. Walter Benjamin s'attache lui-même à redéfinir la tâche du narrateur. N'en figure-t-il pas alors son expression ? Enfin, il propose ses « *Hörmodelle* » (modèles à écouter). Conçus en collaboration avec Wolf Zucker, il fait appel à l'auditeur, lequel se voit adresser des conseils pratiques afin de survivre. La survie devient d'ailleurs une des premières tâches dans cette République agonisante. Bien sûr, ces émissions prétendent abolir la coupure entre le réalisateur et l'auditeur et en ce sens, elles s'accordent avec la vision de Bertold Brecht. Walter Benjamin fait sa connaissance en mai 1929, par l'intermédiaire d'Asja Lacis. Il le présentera alors en 1930 à ses auditeurs. Il y dénonce, au passage, la démagogie régnante et le nazisme. Le *Führer* est ainsi dit *Verführer*[106] (Séducteur) avec tout que cela comporte de connotation négative : ensorceleur ou hypnotiseur des masses.

Puis, dès 1931, Walter Benjamin aperçoit les convergences de son travail théorique métaphysique avec la pratique dramaturgique de Brecht. Walter Benjamin retrouve aussi chez Brecht l'opposition au classicisme, à la catégorie de totalité. Il semble que la rupture opérée par Brecht avec la catharsis aristotélicienne soit de même nature que la critique de Walter Benjamin. Les auteurs récusent de manière analogue toute conception close du réel. Celui-ci est fragment, et non totalité harmonieuse. En ce sens, Walter Benjamin met en parallèle le drame baroque - s'opposant au naturalisme antique tout autant qu'à la Renaissance - et le théâtre didactique de Brecht[107]. Il cherche d'ailleurs à concrétiser le rapprochement en élaborant avec Bertold Brecht une revue commune. Ce projet échouera lui aussi. Elle devait s'intituler : *Crise et Critique* [107]. Cet appel et ce tournant au marxisme dénoncé plus tard par Theodor Adorno tel un tribut, n'anéantissent pas les fondements antérieurs de la pensée de Walter Benjamin. La correspondance la plus soutenue reste ainsi celle qu'il consacre à Gerschom Scholem. Avant que Walter Benjamin ne se retire de la publication de la revue (1931), il continue d'exercer son activité de critique. Il y fonde sa pensée par l'élaboration de recensions, entre autres.

Au début de l'année 1931, paraît son essai sur Karl Kraus. Des éléments de philosophie y apparaissent nettement. Encore une fois, sa théorie se développe à l'occasion d'un texte littéraire qui devient prétexte. Il en induit une *Weltanschauung* de nature philosophique. En ce sens, Walter Benjamin fait bien œuvre d'essayiste, tel que l'a défini Georg Lukács dans : *L'âme et les formes*[108]. Walter Benjamin voit aussi chez Kraus[109] un homme universel qui s'attache surtout à décrire la créature déchue, et un retour à l'état originel ou paradisiaque qui reste possible. En outre, Kraus exerce une critique du langage, parallèle à celle de Walter Benjamin : il opère par citations satiriques. Entendu comme métaphore, on peut dire avec Walter Benjamin qu'il « appelle le mot par son nom, l'extrait violemment des rapports dans lesquels il se trouvait pris, et par là le rappelle aussi à son origine »[110]. Kraus nous renvoie ainsi à la conception théologique du langage propre à Walter Benjamin. Celui-ci prolonge toutefois Kraus puisqu'il s'attache à saisir les rapports sociaux contemporains. Il en déduit, en outrepassant Kraus, que la chute du langage - devenu phrase journalistique - renvoie aux moyens de reproductions techniques propres au capitalisme. Autrement dit, les formes d'organisations sociales deviennent prédominantes dans le marxisme de Walter Benjamin.

Finalement, il fait intervenir le « processus d'échange » et en appelle à la révolution, laquelle incarne « l'humanisme réel ». On aperçoit bien ici l'influence des thèses du « Jeune Marx ». Walter Benjamin, en opérant un tournant vers le matérialisme, semble déceler en Kraus, représentant de l'humanisme classique, une attitude généreuse mais inefficace. Or, en cette fin d'époque, il semble bien que ce soit l'efficacité qui prime sur la critique, à l'égard de Kraus, et qui pourrait d'ailleurs être perçue telle une autocritique à l'encontre du « Jeune Walter Benjamin » qui n'a pas encore payé son « tribut au marxisme », l'intermédiaire de Lukács ou de Brecht. Nous savons que Scholem réagira vivement face à l'engagement marxiste de Walter Benjamin. Il dénoncera souvent au cours de leur correspondance l'inanité de l'engagement matérialiste pour celui qui prétendait suivre l'enseignement du *Talmud*[111]. Cette prétention, Walter Benjamin ne l'abandonnera jamais, et il en donne la formulation explicite dans une lettre à Max Rychner, éditeur du *Neue Schweizer Rundschau*[112]. Il tente d'y joindre l'explication théologique et l'engagement aux côtés du communisme. Walter Benjamin « bi-frons » y apparaît clairement. Avant la prise du pouvoir par les nazis, il se sent donc attiré par les deux voies en apparence antithétiques que constituent l'eschatologie théologique et le matérialisme.

Notons aussi qu'il prend part à un autre type d'expérience tendant à séparer le rêve et la réalité. Il fait en effet durant les années 1930-1931 usage du haschich, quelquefois d'ailleurs en compagnie d'Ernst Bloch. Cet usage marque bien la fin d'un monde, tout en tentant de masquer l'émergence d'une autre réalité. Walter Benjamin aspire donc à la mort par des expériences qui sont de nature à annoncer un suicide possible. Dans son dialogue avec Wilhelm Speyer ou avec Brecht, le thème de l'anéantissement est souvent présent, tout comme le voyage. Walter Benjamin mène une vie de type nomade, laquelle le détourne de la réalité quotidienne prosaïque. Si la mort paraît justifiée au sens théologique - puisqu'elle signifie l'anéantissement du monde mauvais, donc du temps continu -, elle est de même signifiante quant au destin de l'individu. La mort est ainsi rupture téléologique du destin humain intramondain. Elle est remise en cause du prétendu ordre cosmétique ; peut-être est-elle passage à la vie authentique[113].

Un second aspect insiste sur le caractère crépusculaire de cette époque dans la vie de Walter Benjamin. Celui-ci s'engage ainsi à rédiger ses souvenirs d'enfance sous forme d'une « chronique berlinoise ». Il avait d'ailleurs signé un contrat en octobre 1931 pour éditer cette chronique dans la *Literarische Welt*. Cette chronique fut partiellement rédigée durant l'hiver 1931. Puis en avril 1932, il quitte l'Allemagne à destination d'Ibiza. Il observe alors en spectateur l'évolution du régime nazi, notamment le coup d'Etat de Von Papen, en Prusse, le 20 juillet 1932. Vers la fin de ce même mois, il tente de se suicider. Sa déchéance apparaît alors dans sa *Correspondance* avec Scholem[114]. Ensuite, Walter Benjamin se met à l'écriture de sa chronique, laquelle deviendra *Enfance berlinoise*[115]. Durant la seconde moitié de cette année 1932, il va en Italie et collabore aux travaux de Wilhelem Speyer. Durant l'hiver, il revient à Berlin et reprend l'écriture de ses souvenirs d'enfance. Enfin, alors que les nazis prennent le pouvoir en février 1933, il fait parvenir son manuscrit à Scholem. De même, il transmet le texte à la *Frankfurter Zeitung*, laquelle publie une vingtaine de textes jusqu'en 1934. Dans les textes d'*Enfance berlinoise*, l'auteur retrace sa vie en la condensant. Les deux termes bornant cette vie lui donnent alors son sens. Cette enfance est-elle paradis d'un temps perdu ou souvenir infernal ? Bien souvent, les affirmations de Walter Benjamin à cet égard sont elles-mêmes ambivalentes. Son enfance fut bien protégée, en cette fin de 19ème siècle, mais elle ne put faire face au déclin de la période wilhelminienne. L'histoire porte elle-même le signe de l'ambivalence, puisqu'elle est à la fois l'« enfer » des vaincus et un « éternel dimanche »[116]. L'ambivalence propre à Walter Benjamin lui permet justement d'opposer les contraires, les extrêmes et de les métamorphoser. Il les relativise, sauvant ainsi ce qui pourrait être ignoble ou abject. Ainsi, dans : « Loggias », l'auteur semble bien maître des lieux, secondaires par définition. Il prend possession de cet endroit déclassé, là où prédomine la pauvreté. Il compare d'ailleurs la loggia à « un mausolée qui lui serait destiné »[117]. Elle est la limite de l'appartement, limite de l'habitable. Elle insiste donc sur le côté aléatoire de la vie.

Il est bon de rappeler que dans ces textes sont mis en scène les parents. La figure possessive du père s'oppose à la figure tendre de la mère. Les ascendants maternels apparaissent ainsi dans le texte : « A l'angle de la rue de Steglitz et de la rue de Genthin »[118]. Le monde maternel est non seulement protecteur, mais il humanise le travail, réalise la synthèse du loisir avec celui-ci. Il synthétise le rêve et la réalité dans l'esprit du jeune Walter Benjamin. A l'opposé, le monde paternel incarne la domination, la soumission. Avec lui n'intervient aucune réconciliation possible entre le rêve et la réalité. Il est le monde prosaïque par excellence. Le monde scolaire succède d'ailleurs à l'emprise paternelle avec lequel il forme un continuum. Walter Benjamin valorise donc ce que l'on peut appeler le matriarcat. Nul doute que la lecture de Bachofen ait largement contribué à établir une telle hypothèse[119]. Le monde maternel est synonyme de chaleur, d'archétype protecteur. Walter Benjamin semble plus attiré par l'élément mythologique chtonien, dionysiaque, que par la rigidité apollinienne. La servante est aussi le substitut de la mère protectrice. Elle aide le petit Walter Benjamin à affronter l'école. La mère peut aussi apparaître telle une fée. Les tantes de Walter Benjamin sont d'ailleurs identifiées à des « fées qui ensorcellent... »[120] (*durchwirken*). L'opposition qu'établit Walter Benjamin entre le monde archaïque, maternel, et le monde paternel, du travail, semble fonder un antagonisme quelque peu analogue à celui décrit par la sociologie de Ferdinand Tönnies, entre autres, qui distingue la communauté (*Gemeinschaft*) et la société (*Gesellschaft*).

Ne peut-on en ce sens opposer, toujours sur le mode de l'anticapitalisme romantique, la société matriarcale et la société marchande ? Dans un sens, c'est la valeur d'usage qui prédomine alors que dans l'autre, c'est la valeur d'échange. Il est à noter que Walter Benjamin fait connaissance de Bachofen par le biais de Klages. Or, celui-ci n'oppose-t-il pas lui aussi de façon schématique l'esprit et l'âme ?[121] Cette dissociation n'est-elle pas au fond artificielle et préjudiciable, comme le soutiendra Lukács dans *La destruction de la raison* ? Nous avons bien affaire ici à un anti-capitalisme de type romantique, glorifiant l'âme et les forces obscures de l'imagination, lequel n'a pas été totalement étranger à la pensée de Walter Benjamin. Celui-ci semble encore proche de ce thème puisqu'il identifie la narration à la figure maternelle. La mère semble naturellement vouée à protéger l'enfant et ce, par la parole. Elle n'informe pas l'enfant, ne lui inculque pas des connaissances abstraites, mais le replace sur le mode mythique par rapport à son *genos* familial. La mère est inspirée, enthousiaste et apparaît comme l'aède qui dévoile les faits glorieux, les *res gestae* des ancêtres. Ainsi, elle annonce à l'enfant « le peu qu'il apprît de ses ancêtres ». Elle est la figure archaïque de l'enracinement. Ainsi, elle évoque devant l'enfant « la carrière d'un aïeul, les mœurs réglés d'un grand-père... »[122]. La mère semble être le dernier rempart face à ce monde agonisant, sombrant dans la barbarie. Elle propose un retour au passé, sous forme d'expérience (*Erfahrung*) au sens fort. Elle nous relie avec la communauté préexistante et diffère de l'expérience immédiate sensible (*Erlebnis*). Enfin, cet enracinement diffère de l'idéologie du « sang et du sol » (*Blut und Boden*), il est rappel à un passé authentique, sans heurt, pacifique.

## 6. L'exil (1933-1940)

Walter Benjamin, durant ses dernières années d'existence, sera contraint à l'exil. Ainsi, dès 1933, il quitte Berlin, afin de rejoindre Ibiza via Paris. Il y retrouve, entre autres, Jean Selz et sa femme. Au cours de cette période, Walter Benjamin doit supporter plusieurs échecs, liés notamment aux événements politiques. Ibiza, déjà visité, lui assure un refuge, et un sursis en quelque sorte. Il commence à y traduire en français - en collaboration avec Jean Selz - son : *Enfance berlinoise*. Il continue aussi à publier plusieurs articles, sous un pseudonyme, dans la *Vossische Zeitung* et la *Frankfurter Zeitung*. Il revient à Paris après l'été, en septembre 1933, atteint de malaria. Sa misère économique commence alors à se faire sentir. Celle-ci se renforce par le fait que certains de ses articles sont refusés, dont un article sur Bachofen. Il réussit toutefois à placer quelques extraits d'*Enfance berlinoise* dans la revue de Thomas Mann : *Mass und Wert*. Les tentatives pour collaborer à la presse communiste restent sans effet important. Ainsi, son article : « L'Œuvre d'art à l'ère de sa reproductibilité technique » est refusé par la revue moscovite : *Littérature internationale.* Dans la revue : *Das Wort*, ne paraissent qu'une partie des « Lettres parisiennes ». Ses écrits proches du marxisme, tels « L'Œuvre d'art à l'époque de sa reproductibilité technique » ou encore ses « Commentaires sur Bertold Brecht » sont refusés. Pareillement, l'édition juive s'avère infructueuse. Walter Benjamin se tourne alors vers l'Ecole de Francfort, dirigée par Pollock et Horkheimer, et à laquelle appartenait Theodor Adorno. Dès 1933, l'Ecole avait quitté Francfort pour Genève et en 1934, elle s'établissait à New-York[123].

Dès l'automne 1932, Walter Benjamin rencontre Horkheimer. Il y voit la possibilité de collaborer à la revue : *Zeitschrift für Sozialforschung* et donc à l'Institut de recherche sociale. Walter Benjamin sera représenté dans cette revue jusqu'en 1940, le dernier essai publié concernant Baudelaire : « Sur quelques thèmes baudelairiens »[124]. Adorno et Horkheimer refuseront les travaux de Walter Benjamin sur Baudelaire ; une seconde version sera alors élaborée. Walter Benjamin semble s'être soumis à l'Ecole de Francfort et ce, pour des raisons financières. La modique somme qu'il percevait ne lui permettait d'ailleurs pas de vivre à Paris. Il tenait cependant à y rester, afin de tirer profit du fond de la Bibliothèque nationale[124]. Mais il quitte la capitale pour San Remo durant l'hiver 1934-35, de même qu'il avait passé l'été 1934 auprès de Brecht au Danemark. Enfin, en 1937, sa situation économique s'améliorera quelque peu vis-à-vis de l'Institut. Durant l'automne, il remet l'essai sur Fuchs et il obtient le statut de « collaborateur de l'Institut ». Sa propre condition d'écrivain rejeté se reflète d'ailleurs dans le premier article destiné à la *Zeitschrift für Sozialforschung*[125]. Walter Benjamin insiste sur le conditionnement économique propre à la littérature[126]. Les mêmes catégories esthétiques marxistes seront réactualisées dans les deux essais : « L'auteur comme producteur » et « L'Œuvre d'art à l'époque de sa reproductibilité technique »[127]. Dans ce dernier écrit cohabitent les catégories marxistes et des catégories métaphysiques, telle l'aura. Walter Benjamin décrit le mouvement de laïcisation de l'art, qui a perdu largement son origine cultuelle. La perte de l'aura est, en un sens, aussi dégradation, d'où une critique de type romantique face aux productions artistiques contemporaines, mais en un autre sens, Walter Benjamin sauve l'avant-garde qui fait pourtant table rase de toute production « auratique ». C'est ainsi qu'il valorise le théâtre épique de Brecht ou le montage surréaliste.

L'article : « L'auteur comme producteur » fait preuve d'un marxisme plus prononcé. La collaboration avec Brecht est alors à son point culminant et il importe de replacer la véhémence des propos de Walter Benjamin dans le cadre des événements. L'aspect polémique vis-à-vis du fascisme y est prédominant. L'auteur adopte une position pro-soviétique. L'opposition entre la presse bourgeoise et la presse prolétarienne va dans ce sens. Cette distinction tend en fait, ou du moins en droit, à disparaître. La presse soviétique opère donc une « démocratisation » de la littérature ; chaque lecteur devenant auteur potentiel[128]. L'ouvrier peut donc devenir écrivain et Walter Benjamin oppose cette image au travailleur-soldat fasciste. Enfin, s'il veut sauver les procédés d'avant-garde, il faut noter qu'il s'oppose à tout mouvement esthétique belliqueux. Il critique ainsi le futurisme, lequel prône une esthétique de la guerre. Sur ce point précis, le fascisme est d'ailleurs l'héritier du futurisme. Ces thèmes sont repris dans « L'Œuvre d'art… », lesquels sont traduits en français par Pierre Klossowski en 1936. En effet, la revue moscovite *Das Wort* n'accepta pas de publier cet essai, refusé d'ailleurs par Bertold Brecht lui-même. La traduction française, édulcorée, paraissait dans la *Zeitschrift für Sozialforschung*.

Quelques temps après, Walter Benjamin transmettait son essai : « Edouard Fuchs, collectionneur et historien » (1937)[129] à l'Institut. De nouveau, la censure s'abattait sur lui. A la même époque, il écrit « Le narrateur »[130], où il entreprend de discerner l'évolution du récit narratif et du roman. Il y développe des thèses matérialistes, sans toutefois renoncer à son messianisme. A certaines formes de production correspondent donc schématiquement des formes littéraires. Le récit narratif correspond au mode « artisanal de la communication »[130]. Le roman, quant à lui, présuppose un mode de production plus élaboré. Il consacre la domination de la valeur d'échange sur la valeur d'usage ; il est bien cette « épopée bourgeoise », au sens de Hegel. De plus, l'information renforce l'élément d'objectivité, la recherche causale ; elle tue le conte et la vraie narration. L'information ne produit que de l'information parcellisée et fait rupture avec la tradition. Alors que la narration gardait une forme « auratique » en préservant les traditions, l'information est dépouillée de toute aura. Elle est la proximité absolue. Elle est un ici et maintenant immédiat, déraciné, ne permettant pas le rappel spatio-temporel de la tradition. Walter Benjamin, en valorisant le modèle de la narration, semble faire appel à la théologie. Le narrateur n'est-il pas parallèle au prophète qui transmet la parole révélée, fut-elle laïcisée ? Enfin, le narrateur semble être non seulement *terminus a quo* mais aussi *terminus ad quem*. En effet, seul le récit narratif peut remédier à la déchéance, à la chute que constitue l'information, par rapport au processus artisanal de communication.

Dans ce schéma ternaire et théologique, il y a chute puis état de perdition, mais le salut n'en reste pas moins possible. On aperçoit ici sans ambiguïté possible l'arrière-plan théologique ou, en d'autres termes, l'« anticapitalisme romantique » propre à une telle démarche. Le salut pourrait-il être l'œuvre du prolétariat, là où s'opère la réconciliation entre l'auteur, le producteur et le lecteur ? Quel est l'agent messianique de la réconciliation entre un auteur et un récepteur ? Si la réponse n'est pas absolue, il apparaît que le modèle reste celui du récit de nature épique. Dans l'épopée, le récit ou le conte, l'expérience collective ou traditionnelle d'un peuple peut surgir de manière adéquate. Elle est le lieu d'une expérience choc, individuelle (*Erlebnis*). Elle maintient la tradition, c'est-à-dire la voix collective d'une communauté. A l'opposé, l'information est symptomatique de l'atomisation, de l'anonymat des relations dans la société.

Cet essai de Walter Benjamin opère donc la synthèse de Walter Benjamin « bi-frons » : le Walter Benjamin matérialiste et celui du messianisme. Cette synthèse réapparaît dans des nombreux essais de l'époque, dont l'étude sur Franz Kafka[131]. Walter Benjamin dresse une lecture marxiste de Kafka en utilisant les catégories du Jeune Marx. Il fait usage des catégories d'étrangeté, d'aliénation, lesquelles rattachent l'analyse de Walter Benjamin à l'« anticapitalisme romantique » ou encore à l'humanisme marxiste. Kafka nous livre ainsi la clé du monde réifié de la monarchie autrichienne, ou encore de l'aliénation dominant les rapports des hommes entre eux[132]. On voit ce qu'une telle analyse doit aux travaux de Lukács. L'étude de Kafka dégage un autre thème de la pensée de Walter Benjamin : la théologie négative. Le monde de Kafka, comme celui de Walter Benjamin et de Scholem, est apparenté à ce thème. La divinité chez Walter Benjamin est en effet absente de la nature, elle n'est pas une donnée immédiate de l'évidence. Elle n'apparaît au contraire que dans l'extrême dénuement, dans le désespoir absolu. La théologie nous met face à un *Deus absconditus*. Quant à Kafka, il semble qu'il n'ait pas trouvé de salut dans la théologie. Son œuvre est traversée par un courant profane où toute sacralisation, toute sanctification « auratique » semble avoir disparue. N'est-ce pas là la conséquence d'une théologie négative poussée à l'extrême ? Walter Benjamin fait aussi référence dans l'essai sur Kafka à un petit bossu. Faut-il y voir quelque parenté ou quelque analogie avec la mention d'un individu bossu dans les « Thèses » de 1940 ? [133]

De plus, Kafka incarne la figure réconciliant la germanité et le judaïsme, en cela il semble de nouveau proche de Walter Benjamin[134]. Cette identification avec la germanité, Walter Benjamin tente de la renouveler, alors même que les nazis sont au pouvoir. En 1936, il fait paraître, sous le pseudonyme de Detlef Holz, à Lucerne, un recueil de 26 lettres écrites de 1783 à 1883. La parution sous le titre « Allemands »[135] a lieu grâce au théologien socialiste Karl Thieme. Ces lettres ont bien sûr un aspect polémique visant directement le pouvoir en place. Walter Benjamin prétend y défendre les valeurs de l'*Aufklärung* face au pouvoir existant, défigurant ces valeurs. Les formules liminaires, précédant la préface, indiquent bien en quel sens le nazisme a transmuté les valeurs de l'*Aufklärung*. Walter Benjamin y inscrit : « De l'honneur sans la gloire, de la grandeur sans l'éclat, de la dignité sans la solde »[136]. Ces lettres, dans son esprit, devaient réactualiser, ressusciter l'humanisme défunt du siècle précédent[137].

L'histoire de ce siècle, Walter Benjamin cherche toujours à la mettre en scène dans son étude sur Paris. Nous savons que, durant cette période, il reprend son étude sur les « Passages », commencée en 1927 et qui devait l'accompagner jusqu' à sa mort. Nous savons, entre autres, que cette étude est poursuivie alors même que Walter Benjamin n'est plus à Paris ; ainsi, durant l'hiver 1934-35 passé à San Remo. C'est alors que, peu après, les relations avec l'Ecole de Francfort se dégradèrent. En 1935, il présente son plan à la direction de l'Institut. Mais il se heurte assez vite au refus de Horkheimer. Celui-ci s'opposa à son essai que devait remettre Walter Benjamin sur la psychanalyse des archétypes de Jung, dénoncé comme réactionnaire. Walter Benjamin dut alors abandonner Jung au profit de Baudelaire[138]. Celui-ci occupe d'ailleurs une place centrale dans le *Passagenwerk*[139], œuvre inachevée de Walter Benjamin. Le livre de 1935, esquissé sous le titre : *Paris, Capitale du XIX*^ème^ *siècle*[140], en dresse le schéma. Le tournant opéré par Walter Benjamin vis-à-vis du marxisme est fortement prononcé ; puisque la notion centrale, gouvernant cet essai, est relative à la marchandise ou au fétichisme.

Dès mai 1935, Walter Benjamin peut ainsi déterminer dans sa correspondance avec Scholem le chemin parcouru depuis le *Trauerspiel*. Il l'affirme : « [...] Ici encore le déploiement d'une notion traditionnelle occupera le centre. C'était là celle du *Trauerspiel*, ce serait ici celle du caractère fétichiste de la marchandise » [141]. Dans son exposé que nous livre Walter Benjamin de Paris du XIX^ème^ siècle, nous retrouvons les thèmes essentiels de sa pensée, groupés autour de la catégorie de « Passage ». Walter Benjamin veut ici ressusciter, réveiller le XIX^ème^ siècle qui commence à sombrer dans le rêve historique. L'interprétation de Walter Benjamin propose l'éveil ou le réveil, afin de dévoiler cette époque. Notons que Walter Benjamin divise son exposé en quelques chapitres bien distincts : « Fourier ou les Passages, Daguerre ou les Panoramas, Grandville ou les Expositions universelles, Louis Philippe ou l'Intérieur, Baudelaire ou les rues de Paris » et « Haussmann ou les Barricades »[142].

Walter Benjamin tente ici de donner une interprétation de la réalité sociale, voilée, dans son caractère onirique. Dans les termes de Walter Benjamin, on peut affirmer qu'il s'agit de décrypter la fantasmagorie du XIX^ème^ siècle. Alors que Walter Benjamin tentait de dévoiler son monde onirique individuel dans *Enfance berlinoise*, il essaie de mettre à nu le rêve social, l'inconscient collectif de la vie parisienne du XIX^ème^ siècle. Il lui assigne le terme de fantasmagorie, en laquelle l'expérience individuelle (par exemple de Fourier) et l'expérience collective (celle des Passages) se rejoignent. Walter Benjamin nous invite donc à une psychanalyse du champ social, se distinguant aussi bien de Freud que de Jung. Notons aussi que la catégorie de fantasmagorie est essentielle chez Benjamin et qu'elle renvoie au voile, à l'illusion, donc au fétichisme tel qu'il apparaît chez Marx dans *Le Capital*. La fantasmagorie relie en outre l'ancien et le nouveau, elle est encore un produit culturel classique, mais n'est pas encore devenue pure marchandise. Elle a donc un statut ambigu, mais elle détourne toujours l'homme de la réalité, elle le trompe ; que ce soit par démesure (*hybris*) ou par ruse. Lorsque Walter Benjamin s'évertue à dévoiler le rêve, la fantasmagorie ambiante, il semble que sa tâche critique puisse être interprétée dans le sens théologique. N'est-il pas lui-même l'historien rédempteur, le « messie » ? Dernier venu, lequel ordonne un monde inconscient, fantasmagorique ? Walter Benjamin n'incarne-t-il pas, dans sa tâche d'historien, cette figure eschatologique ?

Ce travail critique de sauvetage historique, Walter Benjamin le développe en 1937 à propos du « Baudelaire ou les rues de Paris »[143]. Cet essai devait d'ailleurs paraître, suite à la demande de Horkheimer dans le *Zeitschrift für Sozialforschung*. Walter Benjamin élabore alors un essai sur Baudelaire qui devient : *Charles Baudelaire, un poète à l'époque du capitalisme.* Seule la seconde partie : « Le Paris du Second Empire chez Baudelaire », fut achevée. Il l'envoie alors en septembre 1938 à New-York. Cette seconde partie est subdivisée elle-même en trois chapitres : « La Bohême », « le flâneur », « la modernité »[144]. Ici, Walter Benjamin amorce une analyse qui paie son tribut au marxisme, selon l'expression d'Adorno. Il cherche tout d'abord à dévoiler le contexte social de la forme poétique. Dans le même sens, Walter Benjamin récuse toute interprétation symbolique de la poésie de Baudelaire. Walter Benjamin voulait d'ailleurs développer une analyse ternaire du poète. Une synthèse, jamais écrite, devait nous donner la « résolution marxiste »[145]. Cette synthèse n'est toutefois pas totalement absente des écrits de Walter Benjamin. Les fragments publiés sous le titre *Zentralpark* nous permettent de décrypter en partie cette synthèse inachevée. Ces fragments sur Baudelaire comptent 45 chapitres assez courts. Il nous donne la théorie de Baudelaire comme allégoricien et proche par-là de la forme baroque étudiée par Walter Benjamin dans le *Trauerspiel*. A ces déterminations métaphysiques, Walter Benjamin joint des catégories marxistes, tels le fétichisme et la marchandise, caractéristiques de son *Spätwerk*. Ces catégories métaphysiques et marxistes semblent quelquefois juxtaposées et non synthétisées. La forme fragmentaire justifie d'ailleurs cette juxtaposition[146]. « Le Paris du Second Empire chez Baudelaire » fut rédigé au Danemark auprès de Bertold Brecht, à Skovbosstrand.

Durant la fin de cette année 1938, les événements politiques vont se précipiter. La crise des Sudètes, la conférence de Munich ne restèrent pas sans effet sur Walter Benjamin qui avait pour unique objectif immédiat de sauver ses manuscrits, sentant la fin « apocalyptique imminente ». Walter Benjamin envoya ainsi son texte sur « Le flâneur » à New-York. Ce fut là l'occasion d'un refus et le rejet de son texte par la direction de l'Institut. Adorno justifie ce rejet dans la fameuse lettre du 10 novembre 1938[147]. Adorno reproche à Walter Benjamin son attachement à un marxisme de l'immédiateté, à un matérialisme naïf. Autrement dit, le marxisme de Walter Benjamin se changerait, selon Adorno, en une théorie du reflet (*Abildtheorie*) simpliste, menant la philosophie sur le chemin de l'économisme et du positivisme. Ainsi donc, Walter Benjamin se serait laissé submerger par un certain marxisme vulgarisé, transformant peut-être le travail de Walter Benjamin en une fantasmagorie non apparente pour l'auteur. A l'opposé, Adorno fait appel - afin de contrer la théorie du reflet - à la médiation. Il faut y voir un rappel de Hegel et une négation du réalisme socialiste ou du positivisme. Adorno affirme ainsi que : « La détermination matérialiste des caractères culturels n'est possible que par la médiation du procès global »[148]. Adorno y voit encore une tendance au behaviorisme, c'est-à-dire au réductionnisme.

L'hiver 1938 fut donc particulièrement pénible pour Walter Benjamin, d'autant plus que des problèmes familiaux venaient se surajouter à cette querelle avec l'Institut. Sa sœur tombe gravement malade alors que son frère est déporté à Mauthausen peu après, où il trouvera la mort en 1942. De même, l'année 1939 ne s'annonçait pas sous de meilleurs auspices. Fin février, il est déchu de la nationalité allemande pour avoir publié quelques articles dans la revue soviétique : *Das Wort*. A ces échecs, il faut ajouter la dégradation de la situation financière de l'auteur. L'appel à Scholem restera de même infructueux. Walter Benjamin se remet alors au travail. Il élabore une reprise du « Flâneur » et surtout il livre son essai : « Sur quelques thèmes baudelairiens »[149]. Les événements vécus au cours de cette période semblent d'ailleurs en congruence avec l'interprétation qu'il nous donne de Baudelaire. Dans cet essai, il prend comme hypothèse la perte de l'expérience (*Erfahrung*) due au choc propre à la grande ville[150]. Le parallèle entre la poésie de Baudelaire et la critique rétrospective de Walter Benjamin apparaît ici nettement.

Dans les dernières années de sa vie, le pessimisme de Walter Benjamin prend forme dans ses écrits politiques, et notamment dans sa correspondance. Walter Benjamin met ainsi en cause la politique sociale-démocrate et communiste, ainsi que la tactique du Front populaire. Ainsi, dans une lettre adressée à Fritz Lieb, dès 1937, il dénonce la majorité de gauche en France ou encore les procès de Moscou dès 1936[151]. Le *Spätwerk* de Walter Benjamin fait donc place aux préoccupations directes de la politique dans les écrits. Dans le même sens, et suite à une logique analogue, subséquente au pacte germano-soviétique et à l'échec de la tactique du Front populaire, il écrit ses « Thèses sur la philosophie de l'histoire ». Il se démarque donc du communisme orthodoxe et se rapproche du mouvement regroupé autour de Pierre Klossowski, de Georges Bataille et de la revue *Acéphale*. Walter Benjamin appartient aussi au cercle plus large du Collège, Klossowski avait d'ailleurs donné la traduction de « L'œuvre d'art... »[152]. Walter Benjamin peut alors développer sa théorie de l'histoire tardive, mettant en relief l'apport de Fourier et celui de Blanqui. La pensée de Fourier est parallèle au messianisme de Walter Benjamin, puisqu'il s'agit d'orienter de manière téléologique les pulsions érotiques et les désirs, afin de vivre en harmonie avec la nature. Quant à l'apparition de Blanqui, elle renforce le pessimisme de Walter Benjamin. Celui-ci prend appui sur le texte : *L'Eternité par les astres*. Le messianisme semble alors subordonné à l'idée de l'éternel retour, telle qu'elle se présente dans le texte de Blanqui, rédigé pendant sa captivité. Il semble d'ailleurs que la pensée de Walter Benjamin évolue vers ce pessimisme, se rapprochant ainsi de Blanqui, lequel apparaît dans la seconde version des « exposés », rédigée en français, alors que la version précédente en allemand accordait moins d'importance au thème nietzschéen de l'éternel retour[153].

Fin 1939, Walter Benjamin subit de nouveau les événements historiques, déterminants pour son *Spätwerk*. Suite à l'invasion de la Pologne et à la déclaration de la guerre, Walter Benjamin séjourne alors dans un camp de travailleurs volontaires, à Nevers où il est interné. Il peut toutefois quitter le camp en novembre de la même année, notamment grâce à l'intervention de Jules Romain et d'Adrienne Monnier. Il rejoint alors Paris où il continue ses recherches auprès de la Bibliothèque Nationale. Il envisage cependant de quitter la France, mais le visa pour les Etats-Unis, lui permettant de travailler auprès de l'Institut, ne lui est pas accordé. Durant cette période, il rédige ses fameuses « Thèses » : *Sur la philosophie de l'histoire*[154], thèses qu'il avait préservées et dissimulées pendant de nombreuses années. Elles marquent le *terminus ad quem* de sa pensée, opérant une rupture radicale, déjà annoncée avec la catégorie de progrès. De plus, le mythe du progrès va de pair avec le développement technique et l'exploitation de la nature. Walter Benjamin fait plutôt appel, face à ce rationalisme et à cet humanisme technique, à l'utopie de Fourier. Il ne s'agit alors plus tant d'exploiter la nature que d'en libérer les potentialités[155]. Ce changement de perspective est d'ailleurs solidaire d'une philosophie du temps propre au messianisme de Walter Benjamin. Celui-ci inaugure par ses « Thèses » une polémique contre l'historiographie traditionnelle, qu'elle soit positiviste ou qu'elle se rattache à la problématique du *Verstehen* comme chez Dilthey ; la catégorie condamnée étant l'intropathie (*Einfühlung*). Le messianisme de Walter Benjamin s'exprime alors de nouveau en faisant appel à l'*Angelus Novus*, un des thèmes récurrents chez lui et fondateur du messianisme. Ses ultimes « Thèses » précèdent sa fuite vers le sud de la France, suite aux offensives allemandes menées sur le front ouest. De la mi-juin à la mi-août, Walter Benjamin séjourne ainsi dans le sud-ouest, sans issue certaine. Les tentatives d'Adorno et d'Horkheimer pour lui procurer un visa d'émigration aux Etats-Unis restant infructueuses ; Walter Benjamin confie dans son exil les fragments et les documents du *Passagenwerk* à Georges Bataille. Durant la deuxième quinzaine d'août, Walter Benjamin gagne Marseille où il obtient un visa pour les Etats-Unis, suite à l'intervention de Horkheimer. Il espère alors quitter la France illégalement en franchissant les Pyrénées. Le 25 septembre, il tente de passer la frontière avec un groupe de fugitifs. Le soir, ils atteignent le poste frontière de Port-Bou, en Espagne. Walter Benjamin étant déclaré apatride, puisqu'il était déchu de la nationalité allemande, ne peut passer la frontière. Menacé par un alcade d'être livré à la Gestapo, il met fin à ses jours le 25 septembre, en avalant de la morphine en grande quantité. Il meurt le 26 dans la matinée et est enterré dans le petit cimetière marin de Port-Bou. Cependant, son sacrifice permit, en quelque sorte, à ses compagnons de poursuivre leur voyage[156]. Toutefois, on ne retrouva jamais la serviette contenant le manuscrit auquel il tenait tant.

## Notes

1. Voir le curriculum vitae donné par Walter Benjamin lui-même dans la Revue d'Esthétique numéro 1, 1981, p.179-183.
2. Selon l'expression de G. Keller réactualisée par WB (*Erstarrte Unruhe*), voir *Zentralpark* 16.
3. Rolf Tiedemann distingue ainsi dans les *Gesammelte Schriften* (Œuvres complètes), Suhrkamp Verlag, 1980, Frankfurt am Main-les « *abgeschossene Schriften* » et les « *Fragmente* » constitués essentiellement du *Passagenwerk.* Ces fragments constituent les volumes 5 et 6 des *Gesammelte Schriften.*
4. Cf. *L'Ecole de Francfort*, Que sais-je ? PUF, mars 1987, p. 114.
5. Sa mère était apparentée aux familles Heine et Van Buren, laquelle fournira un président aux Etats-Unis au 19ème siècle. Elle était elle-même fille d'un négociant juif.
6. Cf. *Gesammelte Schriften* (*GS*) VI et *GS* I, p. 235-304. Texte français de Jean Lacoste, éd. Les lettres nouvelles, Paris, 1978.
7. Voir *Enfance berlinoise*, p. 74 (Les lettes nouvelles, numéro 2, 1954), *GS*, IV, 1, p. 261.
8. *GS*, IV, 1.
9. *Enfance berlinoise*, p 42-43, *GS*, IV, 1, p. 243.
10. Voir Bernd Witte : *Walter Benjamin, une biographie*, éd. Cerf, 1988, Paris, p. 15 et p. 178-179 : « L'idéalisation de la protection maternelle, telle qu'elle est opérée chez Walter Benjamin, n'est pas sans rappeler le stade « hétaïrique » tel que l'entend Bachofen. Walter Benjamin idéalise cette période enfantine, archaïque, dominée par un monde de servantes, en référence à Bachofen ».
11. Cf. l'essai : *Le narrateur*, de 1936. Il constitue la « théorie du roman » de Walter Benjamin, *GS*, II, 2, p. 438-463.
12. Cf. *Enfance berlinoise*, p.88-89,
    Cf. *GS*, IV,1, p. 270.
13. Cf. *GS* II, 3, p. 824-835, 1910 : *Der Dichter*, *In der Nacht*, *Die drei Religionssucher*, p. 892, *Sturm*, *Des Frühlings Versteck.*
14. Cf. *GS*, II, 9 : *Das Dornröschen.*
15. Cf. Lettre du 21 juin 1912 à Herbert Belmore, Correspondance (éd. Aubier-Montaigne, 1979), I, p. 38 : « [...] Je sais hélas que chaque ligne de moi et même chaque lettre non écrite éveillent en toi les attentes les plus fabuleuses d'un héros de la réforme scolaire et d'une victime de la science ». Walter Benjamin tout autant qu'Herbert Belmore font alors figure héroïque.
16. Cf. *GS*, II, p. 836 : cette révolution culturelle a pour base le séjour à Haubinda.

Cf. la lettre du 10.10.1912 à Ludwig Strauss.

17. Cf. *GS*, II, p. 12-16.
18. Cf. *GS*, II, p. 40.
19. Cf. *Correspondance*, I, p. 40, lettre à Herbert Belmore du 29 avril 1913 : Walter Benjamin y nomme F. Sachs
    *GS*, II, p. 838-839.
20. Cf. *GS*, II : « *Dialog über die Religiosität der Gegenwart* », p. 16-35.
21. Cf. *GS*, II, p. 75-87 : « Das Leben der Studenten » : Walter Benjamin insiste sur cette conception dès le début du discours. Il y dénonce les philosophies optimistes de l'histoire. Il y a ici continuité évidente avec le *Spätwerk* et les « Thèses sur la philosophie de l'histoire ».
22. Cf. *GS*, II : *Literarische und ästhetische Essays,* « Der Idiot von Dostojewsky », p. 237-241.
23. Cf. *GS*, II, 1, p. 105-126.
24. Bellicisme manifesté entre autres par Gustav Vyneken en 1914.
25. Cf. *GS*, II, 1, p. 140-157.
26. Walter Benjamin énonce dans une lettre à Scholem du 11 novembre 1916 la visée de son article : *Correspondance*, I, p. 119 : « […] je tente dans ce travail de démêler l'essence du langage […] en référence au judaïsme et au chapitre 1er de la Genèse. »
27. Cf. *GS*, II, p. 140-157 : Walter Benjamin fait appel à Hamann, lequel est aussi mentionné dans l'essai : « Sur le programme de la philosophie qui vient ».
28. Cf. *Corr*, I, p. 139, lettre du 22 octobre 1917 à Gerschom Scholem : « […] il ne saurait […] s'agir […] d'ébranler ou de renverser le système kantien, il faut au contraire […] lui donner une extension universelle […]. C'est uniquement au sens de Kant et de Platon […] que la philosophie peut devenir doctrine […] ».
29. Cf. *GS*, II, p. 157-171 : *Uber das Programm der kommenden Philosophie* (November 1917 und März 1918).
30. Cf. *GS*, II, p. 160.
31. Cf .*GS*, II, p. 140-157. Ces deux articles se font écho.
32. Cf. *GS*, II, 1, p. 164 et p. 168.
33. Celui de Lukács, très prononcé, a fait l'objet d'une étude de M. Löwy, cf. *L'évolution politique de Lukács* (1919-29), Thèse, PUF, 1976,
    *Marxisme et romantisme révolutionnaire*, 1979, éd. Le Sycomore, Paris.
34. Cf. *GS*, II, p. 163.

35. Cf. *Corr.*, I, lettre à Ernst Schoen du 8 novembre 1918, p.186-187 : « Ce travail traite du concept romantique de critique (de la critique d'art). C'est du concept romantique de critique qu'est sorti son concept moderne. »
36. Cf. *Corr.*, I, p. 191-192, lettre à Ernst Schoen du 7 avril 1919 : « J'ai mis un point final [...] au brouillon de ma thèse [...] je ne pouvais en effet aborder le messianisme, cœur du romantisme ».
37. Cf. *GS*, I, p. 78 : *Le concept de critique esthétique dans le romantisme allemand*, Flammarion, Paris, 1986,
*GS*, I, p. 7-122.
38. Cf. *Corr.*, I, p. 258.
39. Cf. « Les Thèses » (1940) : thèse 9.
*GS*, I, 2, p. 691-704 et particulièrement p. 697-698 (*Uber den Begriff der Geschichte*).
40. Cf. *GS*, I, p. 123-201.
41. Cette opposition fonde le rejet de Walter Benjamin vis-à-vis du positivisme. La critique ne cherche pas tant des *Sachverhalte* que des *Wahrheitsgehalte*
*GS*, I, 1, p. 125 (*Goethes Wahlverwandschaften*).
42. Cf. la biographie de Goethe par Gundolf (1916). L'auteur y reprend les catégories de Dilthey dans : *Das Erlebnis und die Dichtung*, Göttingen, 1970.
43. L'*Einfühlung* peut être traduite comme empathie ou intropathie. En histoire, elle opère souvent au profit des vainqueurs de l'histoire, incarnée par les grands personnages qui font l'histoire.
44. Hermann Cohen nous donne une interprétation du même type dans son *Aesthetik des reinen Gefühl*, Berlin.
45. Sur la catégorie du mythe, cf. : « Schicksal und Charakter », GS, II, p. 171 sq. (entre septembre et novembre 1919)
« Zur Kritik der Gewalt » (janvier 1921), *GS*, II, p. 179 sq.
46. Il y a un parallèle entre *La théorie du roman* de Lukács et le jugement porté par Walter Benjamin sur cette forme littéraire. Dans cet essai, Walter Benjamin en fait une figure naturelle de la culpabilité à l'instar de G. Lukács qui y perçoit une *vollendete Sündhaftigkeit*. On peut leur opposer le point de vue de René Girard dans : *Mensonge romantique et vérité romanesque.*
47. Cf. *GS*, I, 1, p. 169.
48. Cf. *GS*, I, p. 196.
49. Cf. *GS*, I, p. 200.
50. Cf .*GS*, I, p. 181.
51. La parution eut lieu à Vienne en 1924-25.
52. Cf. *Corr.*, I, p. 269 sq. : « Lettre à Florens Christian Rang » du 14.10.1922 : « Si [...] mes chances se révélaient plus grandes hors

du domaine de la stricte philosophie, j'envisagerais mon habilitation en germanistique moderne ».

53. Cf. *Corr.*, I, p. 281 : « Lettre à Florens Christian Rang » du 24 octobre 1923 : « [...] Dora [...] notre subsistance économique repose sur son emploi ».
54. Cf. *GS*, IV, p. 916-935.
55. *Ibid*, p. 924 et 929.
56. Cf. *GS*, IV, p. 926-927. Mentionnons la reprise de ce texte dans le volume : *Sens Unique* (*Einbahnstrasse*), p. 163-173.
    Cf. la traduction de Jean Lacoste : *Sens Unique*, précédé d'*Enfance berlinoise* et suivi de *Paysages urbains*, éd. Les Lettres nouvelles, Paris, 1978.
57. Cf. *Corr.*, I, p. 283 : « Lettre du 18 novembre 1923 à Florens Christian Rang » : « Pour moi [...] il y eut toujours au premier plan des nationalités délimitées, l'allemande, la française. Jamais je n'ai perdu de vue que j'étais lié à la première ni la profondeur de ce lien. Je le pourrais moins que jamais au cours de mon travail actuel, car rien ne mène plus profond et ne lie plus intimement que de « sauver » une ancienne littérature ainsi que je me propose de le faire ».
58. Cf. *Corr.*, I, p. 324 : « Lettre à Gerhard Scholem du 16 septembre 1924 » : « [...] j'ai fini l'introduction concernant la théorie de la connaissance, le premier chapitre sur le soi dans le *Trauerspiel*, et presque le second, *Trauerspiel* et la tragédie, de sorte que seule le troisième reste à écrire, théorie de l'allégorie et une conclusion ».
59. Cf. *Corr.*, I, p. 321 : « Lettre à Gerhard Scholem » du 7 juillet 1924. Walter Benjamin parle d'une « intense attention à l'actualité d'un communisme radical ».
60. Cf. *Corr.*, I, p. 335 : « Lettre à Gerhard Scholem du 22 décembre 1924 » : « L'allégorie - l'essence qu'il s'agissait pour moi de sauver - [...] Le travail va sans doute se présenter de la manière suivante : Titre : Origine du *Trauerspiel* allemand I : *Trauerspiel* et tragédie. II Allégorie et *Trauerspiel* ».
61. Cf. *GS*, II, p. 16-35 (septembre-octobre 1912).
62. Cf. *GS*, II, p. 140-157 (novembre 1916).
63. Cf. *L'Origine...*, éd. Flammarion, Paris, 1985, p. 72-74 : Le roi comme martyr et tyran, et p. 97-101 : Le courtisan, saint et intrigant, etc.
    Cf. *GS*, I, 1, p. 203-430 et en particulier p. 251-253 : *Tyrann als Märtyrer, als Tyrann*, et p. 273-277 : *Der Höfling als Heiliger und Intrigant*, etc.

64. Cf. *L'Origine…*, p. 137 : « C'est la forme élémentaire de la nature agissant dans le cours de l'histoire », *GS*, I, p. 308.
65. L'allégorie, comme appel à la transcendance est opposée au symbole incarnant l'immanence rationaliste.
66. Cf. son *Asthetik*, 1963, Luchterhand et la signification présente du réalisme critique, éd. Gallimard, Paris, 1960.
67. Cf. *L'Origine*, p. 254 : « C'est supposer par avance qu'une « ponderacion mysteriosa », l'intervention de Dieu dans l'œuvre d'art, est possible ». La subjectivité qui choît dans l'abîme à la manière d'un ange, est rattrapée par les allégories et retenue dans le ciel, en Dieu, par la « ponderacion mysteriosa ».
    Cf. *GS*, I, p. 408. Il est à noter que Walter Benjamin fait ici référence à Karl Borinski : *Die Antike in Poetik und Kunsttheorie*, volume I, p. 133, Leipzig, 1914.
68. Cf. *L'Origine…*, p. 178, *GS*, I, p. 383.
69. La figure que nous présente Walter Benjamin dans les thèses de 1940 semble toutefois quelque peu différente. Cf. la thèse 9 : l'ange « voudrait bien s'attarder, réveiller les morts et rassembler les vaincus. Mais du paradis souffle une tempête qui s'est prise dans ses ailes, si forte que l'ange ne les peut plus refermer ». Ici, l'ange paraît dominé lui-même par l'histoire, *GS*, I, 2 : *Uber den Begriff der Geschichte* (1940), p. 697-698.
70. Pour des éclaircissements concernant le refus d'habilitation de Walter Benjamin, cf. l'introduction à *L'Origine…*, par Irving Wohlfarth, p. 7-21, éd. Flammarion.
71. Cf. *Corr.*, I, p. 239 : « lettre à Gerhard Scholem du 20-25 mai 1925 » : « […] je vais vraisemblablement accélérer mon étude de la politique marxiste et, joint à l'idée d'aller à une date pas trop éloignée à Moscou, ne serait-ce qu'en passant entrer au Parti ».
72. La révélation d'Asja Lacis était telle à Capri, que Walter Benjamin lui dédicaça (1923-1926) *Sens Unique*. Ainsi est-il mis en exergue : « Cette rue s'appelle rue Asja Lacis, du nom de celle qui en fut l'ingénieur et la perça dans l'auteur. »
73. La couverture de *Sens Unique* est elle-même un montage photographique de Sacha Stone.
74. Cf. Ernst Bloch : *Héritage de son temps*, Paris, Payot, 1978, p. 340 sq.
75. Cf. *GS*, IV, p. 146-148 : *Einbahnstrasse « Zum Planetarium »*.
76. Cf. *GS*, IV, p. 147.
77. Cf. *GS*, IV, p. 147.
78. Cf. p. 113-116.
79. *Ibid.*, p. 115.
80. Cf. *GS*, II, 1, p. 386-390

*Essais* 1, p. 169-174, article paru dans la *Literarische Welt*, 30 octobre 1931.

81. Cf. Willy Haas : *Zeitgemässes aus der Literarischen Welt von 1925-1932*, Stuttgart, 1963.
82. Cf. *GS*, II, 1, p. 283 sq., « Gottfried Keller », juin- juillet 1927,
GS, II, 1, p. 295 sq., « Der Sürrealismus », 1er février 1929
*GS*, II, 1, p. 310 sq., « Zumbilde Prousts », mars-juin 1929.
83. Pour ses rapports tendus, cf. la mise au point de Jean Lacoste : Ch. Baudelaire-Paris, Payot, 1982, p. 15-17.
84. Cf. « *Moskau* », *GS*, IV, 1, p. 316 -348, février-mars 1927.
*Paysages Urbains*, éd. Les lettres nouvelles, Paris, 1978, p. 247-298.
85. Cet échec dans les retrouvailles avec Asja Lacis est bien rendu dans son *Journal de Moscou*, éd. L'Arche, 1983, Paris.
86. Cf. *Journal de Moscou*, p. 110-111 : « Ce qui me retient d'entrer au K.P.D. ce sont exclusivement les considérations extérieures. »
87. Cf. *Die politische Gruppierung der russischen Schriftsteller*, 11 mars 1927, *GS*, II, 2, p. 743 sq.
88. Cf. *GS*, III, p. 174-175.
89. Cf. Gottfried Keller, juin-juillet 1927, *GS*, II, 1, p. 283 sq.
90. Le narrateur est figure archaïque en voie de disparition.
91. La bourgeoisie suisse est restée selon Walter Benjamin pré-impérialiste, p. 285, art. cit.
92. Cf. p. 289, art. cit.
93. Cf. *Corr.*, II, p. 15 : Lettre de Walter Benjamin à Gerschom Scholem. Walter Benjamin souligne l'importance de son essai sur le surréalisme : « Optime, amice, tu demandes ce qui bien se cacher derrière le travail sur le surréalisme [...] De fait, ce travail est un paravent mis devant les « Passages parisiens » et j'ai maintes raisons de garder secret ce qui se trame derrière. »
94. Cf. *Corr.* I, p. 114 : Lettre à Gerschom Scholem du 30 janvier 1928 : « Quand j'aurai mis fin de manière ou d'autre à un travail [...] cet essai [...] sur les « Passages parisiens, une féerie dialectique » [...]
95. Cf. *GS*, V, p. 1051, *Passagen*, II.
96. Cf. Le *Passagenwerk*, p. 1041-1043.
97. Cf. *Passagenwerk*, p.1057.
98. Cf. *GS*, II, *Goethe* (de 1926 à octobre 1928), p.705 sq.
99. Cf. *Corr.*, II, p. 34, lettre à Gerschom Scholem du 25 avril 1930 : « C'est dans ce commencement que je suis à présent renvoyé au provisoire [...] et face à d'inquiétantes difficultés ».
100. Cf. « Lettre à Ludwig Strauss », nov.1912, *GS*, II, p. 838-839.

101. Cf. *GS*, III, p. 252-259.
102. Cf. *GS*, III, p. 279-283.
103. Cf. *GS*, III, p. 219-225.
104. Cf. *GS*, III, p. 225.
105. Cf. l'étude de Baudelaire par Walter Benjamin, éd. Payot, Paris, 1982, traduction Jean Lacoste, p. 33-34.
*Das Paris des Second Empire bei Baudelaire*, GS, I, 2, p. 511-559.
Cf. de même la lettre d'Adorno à Walter Benjamin du 10 novembre 1938.
*Corr.*, II, p. 267-274. Et page 271 en particulier, Adorno reproche ici à Walter Benjamin le tribut que celui-ci a payé au marxisme et il aborde le problème du chiffonnier. Ainsi : « [...] Il s'agit du chiffonnier. Le définir comme la figure-limite inférieure de la pauvreté ne me semble absolument pas tenir tout ce que promet le terme de chiffonnier [...] ». Notons que Walter Benjamin va plus loin et qu'il transforme le terme en un véritable concept central de sa philosophie de l'histoire.
106. Cf. *Corr.*, II, p. 55 : Lettre de Walter Benjamin à Gerschom Scholem du 3 octobre 1931 : « [...] Les communistes n'ont pas toujours trouvé le contact nécessaire avec ces masses, ni du coup la possibilité d'une action révolutionnaire [...] et il est probable que même les communistes n'auraient guère pu y parer autrement que les sociaux-démocrates. » Walter Benjamin dénonce ici la force démagogique du nazisme.
107. Cf. *GS*, II, p. 660 à 667, « Bert Brecht »
108. Cf. *GS*, II, p. 519-572.
109. Cf. Lettre à Gerschom Scholem du 4 octobre 1930, *Corr.*, II, p. 37-39. De cette revue, Walter Benjamin nous dit qu' « elle doit être d'ailleurs scientifique, voire académique, plutôt que journalistique et s'appeler *Krisis und Kritik* ».
110. Cf. *L'âme et les formes*, Gallimard, Paris, 1974.
Cf. « L'essence et la forme de l'essai ».
111. Cf. *GS*, II, 1, p. 334-367.
112. Cf. *GS*, II, p. 363.
113. Cf. *GS*, II, p. 353 et 363.
114. Cf. les manuscrits de 1843 et 1844, entre autres.
115. Cf. *Corr.*, II, p. 44-48 : Lettre de Gerschom Scholem à Walter Benjamin du 30 mars 1931.
116. Cf . *Corr.*, II, p. 44 : Lettre de Walter Benjamin à Max Rychner du 7 mars 1931 : « [...] Jamais je n'ai pu chercher et penser autrement que dans un sens, si j'ose parler ainsi, théologique, c'est-à-

dire conformément à la doctrine talmudique des 49 degrés de signification de chaque passage de la Thora. Or les hiérarchies du sens, la platitude communiste la plus rebattue les respecte davantage que l'actuelle profondeur bourgeoise qui n'en retient jamais qu'un seul : l'apologétique ».

117. Cette problématique analogue à celle de Heidegger ne doit en aucun cas laisser présupposer une identité de point de vue. La vie authentique n'est pas englobée chez Walter Benjamin par l' « être pour la mort ».

118. Cf. *Corr.*, II, p. 70-72. Lettre du 26 juillet 1932 à Gerschom Scholem, le pessimisme et la détresse de Walter Benjamin y apparaissent clairement : « Ainsi beaucoup de mes travaux, bon nombre d'entre eux tout au moins, sont des victoires de détail, mais à quoi correspondent des défaites à grande échelle [...] Signaler ici en tout cas les quatre livres qui désignent les véritables champs de ruines ou de catastrophes dont je ne puis prévoir de limites [...] Ce sont les *Passages parisiens*, les *Gesammelte Essays zur Literatur*, les *Briefe* et un livre sur le haschich [...] Personne ne sait rien de ce dernier sujet et pour le moment qu'il reste entre nous ».

119. Cf. *GS*, IV, p. 242.

120. Cf. *GS*, IV, p. 296.

121. Cf. « Steglitzer Ecke Genthiner », *Berliner Kindheit*, *GS*, IV, 1, p. 248-250.

122. Cf. entre autres *GS*, II, 1, p. 219-233, Johann Jakob Bachofen.

123. Cf. *GS*, IV,1, p. 248.

124. Cf. Ludwig Klages, *Der Geist als Widersacher der Seele*, 1929-1937 : L'esprit comme ennemi de l'âme.

125. Cf. *GS*, IV, p. 270-271.

126. Pour l'histoire de l'Ecole de Francfort, cf. Martin Jay : *L'imagination dialectique*, Paris, Payot, 1977
*L'Ecole de Francfort*, PUF, mars 1987.

127. Pour l'étude des rapports conflictuels existant entre Walter Benjamin et l'Ecole de Francfort, on se reportera avec profit aux notes introductives de Jean Lacoste dans le *Baudelaire*, Paris, Payot, 1982, p. 15-17. Il est clair que Walter Benjamin était dépendant de l'Ecole de Francfort et que cela ait influencé ses écrits. Voir la polémique avec la revue Alternative.

128. Cf. *GS*, II, p. 1231.

129. Cf. *GS*, II, p. 776-803.

130. Cf. *GS*, II, p. 783.

131. Cf. *GS*, II, p. 683-701 : « Der Autor als Produzent » et « Das Kunstwerk im Zeitalter seiner technischen Reproduzierbarkeit », première version,
*GS*, I, 2, p. 431-469, 2ème version,
*GS*, I, 2, p. 471-508. Version française : « L'Œuvre d'art à l'époque de sa reproduction mécanisée »,
*GS*, I, 2, p. 709-739, traduction Pierre Klossowski.
132. Cf. *GS*, II, p. 688.
133. Cf. *GS*, II ,2, p. 465-505.
134. Cf. *GS*, II, 2, p. 438-465. Cet essai est la véritable « théorie du roman » de Walter Benjamin.
135. Cf. *GS*, II, p. 447.
136. Cf. Franz Kafka, *GS*, II, 2, p. 409-438.
137. Cf. *GS*, II, 2, p. 436.
138. Cf. *GS*, II, 2, p. 425 et p. 432.
139. Cf. *GS*, II, 2, p. 432.
140. Cf. *GS*, IV, 1, p. 149 et p. 233.
141. Cf. *GS*, IV, 1, p. 150.
142. Cf. *GS*, IV, p. 955.
143. Cf. *GS*, V, p. 1162 : Lettre de Walter Benjamin à Fritz Lieb, San Remo, 9 juillet 1937 (Briefe 733).
144. Cf. *GS*, V, 1 et 2.
145. Cf. *GS*, V, 1, p. 43-77. Ce texte sert d'introduction au *Passagenwerk* proprement dit.
146. Cf. *Corr.*, II, p. 156, lettre du 20 mai 1935.
147. Cf. *GS*, V, p. 43-77.
148. Cf. *GS*, I (rédaction en mai 1935). *Das Passagenwerk*, p. 69-72 et p. 54-56.
149. Cf. *Charles Baudelaire*, traduction Jean Lacoste, Payot, 1982. Pour les détails importants menant à l'élaboration de cet essai, cf. la préface de Jean Lacoste, p. 5-18.
*GS*, I, 2, p. 511-604.
150. Cf. GS, I, 3, p. 1091.
151. Cf. *Zentralpark*, *GS*, I, 2, p. 655-690.
152. Cf. *Corr.*, II, p. 268-270. Les déclarations d'Adorno à l'égard de Walter Benjamin semblent quelque peu contradictoires. Il affirme ainsi dans un premier temps : « Je ne veux pas insinuer par exemple que, dans votre travail, la fantasmagorie reste non médiatisée ou même que votre travail à son tour se change en fantasmagorie. » Mais un peu plus loin, Adorno insiste sur la parenté de Walter Benjamin avec le matérialisme dialectique et par-delà implicitement avec Brecht (p. 269) : « [...] chaque fois que le texte se retranche derrière son propre a priori, c'est en liaison étroite

avec son rapport au matérialisme dialectique […] il manque une chose à cette dialectique : la médiation. »

153. Cf. *Corr.*, II, p. 270.
154. Cf. *GS*, I, 2, p. 605-653, « Uber einige Motive bei Baudelaire », (rédaction de fin février à fin juillet 1939), les fragments de *Zentralpark* sont conçus entre avril 1938 et février 1939.
GS, I, 2, p. 665-690.
155. Cf. *GS*, I, p. 608-617.
156. Cf. *Corr.,* II, lettre à Fritz Lieb du 9 juillet 1937, p. 223-225. Lettre à Fritz Lieb, p. 224 : « Mais si tu veux continuer d'enrichir la connaissance de la politique du Front Populaire, jette un coup d'œil dans la presse française de gauche : tous ne s'attachent qu'au fétiche de la majorité « de gauche » […] » et un peu plus loin : « L'effet destructeur des événements de Russie va nécessairement continuer de s'étendre. »
157. Cf. *GS*, I, 2, p. 709-739 : « L'œuvre d'art à l'époque de sa reproduction mécanisée », de janvier à avril 1936.
158. *GS*, V (*Passagenwerk*), Exposés, p. 75-77 (conclusion), p. 76, Walter Benjamin cite Blanqui : « […] Il n'y a pas de progrès […] Ce que nous appelons le progrès est claquemuré sur chaque terre, et s'évanouit avec elle […] L'univers se répète sans fin et piaffe sur place. L'éternité joue imperturbablement dans l'infini les mêmes représentations. »
159. Cf. *GS*, I, 2, p. 691-704 : *Uber den Begriff der Geschichte*, février, avril, mai 1940.
160. Cf., *GS*, I, 2, p. 699. Walter Benjamin propose donc une catégorie de travail, nouvelle en relation avec le concept de la nature, tel qu'il apparaît chez Fourier.
161. Cf. *GS*, I, 3, p. 1227.
Pour les détails concernant la fuite de Walter Benjamin à travers les Pyrénées, cf. GS, V, p. 1183-1205.

## Benjamin et Friedrich Nietzsche : les modèles de l'histoire

### 1. Nietzsche et Benjamin face à l'hégélianisme

La seconde considération intempestive de Nietzsche amorce une critique de l'historiographie traditionnelle allemande. Il y exprime sa foi en un vitalisme devant transcender et finalement justifier l'histoire. L'histoire ne peut donc se suffire à elle-même dans une autonomie aveugle. Elle n'est plus une fin en soi mais plutôt moyen au service de l'énergie vitale. Ainsi : « Nous ne servirons l'histoire que dans la mesure où elle sert la vie, mais l'abus de l'histoire et la surestime qui en est faite sont cause que la vie se rabougrit et dégénère »[1]. En conséquence, Nietzsche affirme son refus de l'historicisme et par-delà, du rationalisme hégélien affirmant la réconciliation du réel et du rationnel.

Nietzsche annonce un programme vitaliste faisant rupture avec l'historicisme mais les considérations constituent une simple ébauche de ce programme. Il joint une mise en garde contre le positivisme : « La science a donc besoin d'être surveillée et contrôlée de haut. Une hygiène de la vie devrait avoir sa place à côté de la science, et un principe de cette hygiène serait que le non-historisme et le super-historisme sont les topiques naturels contre l'envahissement de la vie par la végétation parasite de l'histoire, contre la maladie historique »[2].

Le vitalisme nietzschéen vise ici le positivisme routinier, le scientisme des historiens et par-delà, les constructions métaphysiques antagonistes, qui peuvent apparaître comme celles de l'hégélianisme rationaliste et du nihilisme de Schopenhauer[3].

A cette croisade contre l'historicisme, semblent faire écho les « Thèses » : *Sur le concept de l'histoire*, de Walter Benjamin datant de 1940. Ces ultimes « Thèses » peuvent apparaître comme le croisement des philosophies de l'histoire marxiste et nietzschéenne. L'influence de Walter Benjamin sur l'Ecole de Francfort et en particulier vis-à-vis de Max Horkheimer et Theodor Adorno cautionnerait cette hypothèse. Le point commun aux théoriciens de Francfort, à Walter Benjamin et à Friedrich Nietzsche s'élabore comme refus du rationalisme et de l'historicisme de l'*Aufklärung*.

Martin Jay résume le leitmotiv de l'Ecole de Francfort en affirmant : « Vers une philosophie de l'histoire des critiques des Lumières »[4]. On ne saurait nier de plus l'influence indéniable de la pensée de Schopenhauer à la fois chez Nietzsche et chez Horkheimer. Dans *Théorie traditionnelle et Théorie critique*, il affirme : « Je suis redevable à Schopenhauer de mon premier contact avec la philosophie. En dépit de mon opposition politique avec lui, ni mes rapports avec la philosophie de Hegel et de Marx, ni ma volonté de comprendre et de transformer la réalité sociale n'ont pu effacer l'empreinte de da pensée »[5].

On comprend alors quel peut être le point de rencontre de philosophies de l'histoire aussi diversifiées, attachées soit au marxisme soit à la pensée de jeunesse de Nietzsche. Ce point de rencontre, c'est le refus de l'optimisme béat de certains penseurs des Lumières, mais c'est de même le refus du rationalisme hégélien, identifiant le réel et le rationnel. Nietzsche n'affirme pas que l'hégélianisme se réduit à une apologie conservatrice de l'Etat prussien ou à une glorification de la réalité empirique. En effet, la réalité (*Wirklichkeit*) hégélienne se distingue radicalement de la réalité empirique. Les analyses d'Eric Weil – dans *Hegel et l'Etat*[6] – et de Bernard Bourgeois[7] ont depuis dénoncé cet amalgame et ce contresens entretenu par des exégètes vulgarisateurs de l'hégélianisme. Toutefois, ce dernier ouvre la voie à une dérive possible, conduisant par le biais d'une falsification de l'hégélianisme, à une pensée de type positiviste ou rationaliste proclamant l'identité abstraite du réel et du rationnel, de l'être empirique et du *logos*.

Nietzsche porte ainsi une attaque en règle contre l'hégélianisme. Ainsi : « [...] il n'y a pas eu dans ce siècle de dangereuses oscillations ni de tournants périlleux qui n'aient été rendus plus dangereux encore par la prodigieuse influence, sensible même aujourd'hui, de cette philosophie, l'hégélianisme »[8]. Nietzsche décrit ensuite un avatar de l'hégélianisme : « Cette façon de penser a installé l'histoire à la place de toutes les autres forces spirituelles, art et religion, comme l'unique souveraine dans la mesure où elle est l'idée qui se réalise d'elle-même, la dialectique des génies nationaux, et le vrai Jugement dernier »[9]. Dénonçant l'identification illusoire et abusive de la *Weltgeschichte* et du *Weltgericht*, Nietzsche soutiendra en opposition la disjonction du *logos* et du réel.

Gilles Deleuze insistera dans cette optique sur l'antihégélianisme viscéral de Nietzsche, dans *Nietzsche et la philosophie* : « La philosophie de Nietzsche forme une antidialectique absolue » ou « l'antihégélianisme traverse l'œuvre de Nietzsche comme le fil de l'agressivité »[10]. Mais ce que Nietzsche refuse avant tout, ce sont les conséquences d'une histoire comprise à la manière hégélienne, c'est-à-dire comme théologie camouflée, *verkappte Theologie*. Cette dénonciation, qui est déjà chez Schopenhauer, se double chez Nietzsche d'une critique du positivisme. Ainsi, « il (Hegel) a implanté dans les générations imprégnées de sa pensée cette admiration pour la poussière de l'histoire qui se métamorphose à chaque instant en l'admiration sans voile du succès et conduit à l'idolâtrie du réel »[11] et donc finalement au « fait-alisme » !

Cette opposition à la réconciliation d'obédience hégélienne du réel et du rationnel se trouve aussi au centre des « Thèses » : *Sur le concept de l'histoire* de Walter Benjamin. Ecrites en 1940, sous le choc du pacte de non-agression germano-soviétique et suite à l'ascension du nazisme, elles dénoncent l'optimisme débridé de la philosophie de l'histoire des Lumières. Walter Benjamin y dénonce la foi naïve dans le progrès de l'espèce humaine. Il en appelle au contraire à une vue « angélique » ou messianique de l'histoire. L'ange porte ainsi un regard rétrospectif sur l'histoire : « Son visage est tourné vers le passé. Là où à notre regard à nous semble s'échelonner une suite d'événements, il n'y en a qu'un seul qui s'offre à ses regards à lui : une catastrophe sans modulation ni trêve, amoncelant les décombres et les projetant éternellement devant ses pieds »[12]. Ou encore : « Mais une tempête s'est levée, venant du Paradis ; elle a gonflé les ailes déployées de l'Ange ; et il n'arrive plus à les replier [...] Nous donnons nom de Progrès à cette tempête »[13].

Le radicalisme de la critique de Walter Benjamin l'oppose bien évidemment à l'historicisme hégélien et le rapproche de Schopenhauer et de Nietzsche. Parodiant Hegel, Schopenhauer affirmait une relation inverse entre la réalité historique et la rationalité. Walter Benjamin marque son affinité avec la démarche nietzschéenne en le citant dans la présentation de la XII$^{ème}$ thèse : « Il nous faut l'histoire ; mais il nous la faut autrement qu'à celui qui, désœuvré, flâne dans les jardins de l'érudition ; Nietzsche, *Du profit à tirer de l'étude de l'histoire et des dangers qu'elle comporte* »[14].

Walter Benjamin, à l'instar de Nietzsche, envisage donc l'histoire non comme une fin ou processus téléologique mais comme un simple moyen. Cependant, Walter Benjamin se démarquera nettement du vitalisme nietzschéen. Si Nietzsche fustigeait l'hégélianisme comme historicisme naïf cautionnant l'idéologie progressiste des Lumières, Walter Benjamin vise avant tout, dans sa critique de l'idéologie du progrès, la social-démocratie ou le darwinisme social ; identifiant les vainqueurs aux meilleurs. Nous savons aussi avec quelle force Nietzsche distinguera sa pensée du darwinisme. Walter Benjamin se sépare finalement radicalement d'un marxisme orthodoxe ou de sa variante sociale-démocrate. La dialectique historique n'est pas pour lui un processus nécessaire et progressiste enregistrant sur un mode fataliste les inéluctables étapes de la victoire des opprimés. D'ailleurs, Nietzsche et Benjamin s'opposent tous deux à la dialectique et proposent une pensée du dialectique. Ce qu'ils récusent, c'est la nécessité progressiste de la synthèse dialectique à l'œuvre chez Hegel et opérant finalement la réconciliation du réel et du rationnel. Cependant, Nietzsche ne rejette pas en bloc l'hégélianisme et sa critique est beaucoup plus nuancée que celle de Schopenhauer.

Jean Granier a souligné la parenté possible entre la philosophie de Nietzsche et les catégories dialectiques chez Hegel. Ainsi, il souligne « l'analogie qui existe entre le concept nietzschéen de la sublimation et la conception hégélienne de l'*Aufhebung*[15]. Et : « Si Nietzsche refuse le dogmatisme hégélien, il retient de l'hégélianisme la grande idée selon laquelle le négatif - la contradiction - possède une énergie médiatrice, créatrice, et c'est en s'appropriant ce thème hégélien que Nietzsche fonde sa conception de la Volonté de Puissance comme acte de transcender et de sublimer »[16].

Jean Granier souligne la parenté de la philosophie de Nietzsche avec la dialectique négative qui sera à l'œuvre dans l'Ecole de Francfort : « Ce qui intéresse Nietzsche c'est moins en effet, l'enchaînement des diverses synthèses que la gestation des contradictoires, la plénitude et la richesse en fonction desquelles une synthèse éclot à l'être » et enfin : « Nietzsche substitue à la compréhension hégélienne de l'Etre comme recollection des figures de la conscience selon le principe dialectique, une théorie des perspectives, qui se résumerait ainsi : l'Etre est interprétation, et plus un être enveloppe de contradictions, plus son interprétation est fine et nuancée, plus elle respecte le caractère poétique de l'Etre »[17]. Nietzsche refuse alors tout aussi bien le progressisme mécanique des Lumières que le progressisme dialectique de l'historicisme hégélien. En ce sens, la démarche de l'Ecole de Francfort (Theodor Adorno, Max Horkheimer) ainsi que celle de Walter Benjamin, en sont relativement proches.

La dialectique négative refuse l'identification du concept et de la réalité. Le concept n'est plus adéquat, il ne peut saisir (*Begreifen*) la réalité, ou encore le *Begriff* n'est plus instrument de saisie du réel. Theodor Adorno dénonce alors toute affirmation identitaire. Mais cette dialectique négative est elle-même anticipée par Hegel dans l'*Encyclopédie* comme une méconnaissance du processus dialectique. Dans le dialectique, la contradiction est affirmée comme irréductible face à la non-vérité de l'identification totale ou de la synthèse dialectique. Le dialectique, c'est finalement l'absolutisation de la contradiction comme une espèce de scepticisme, favorisant un système de bascule (*Shaukelsystem*) indéfini.

Dans *l'Encyclopédie des sciences philosophiques en abrégé*, 1830, § 81, Hegel pose la distinction suivante :

« I. Le dialectique, si l'entendement le prend séparé pour lui-même, constitue, surtout lorsqu'il est mis en lumière dans des concepts scientifiques, le scepticisme ; il contient la pure négation comme résultat du dialectique. »[18] Plus loin, Hegel précise :

« II [...] Souvent aussi la dialectique ne dépasse pas un système subjectif de balancement [...] la dialectique, au contraire, est cet acte immanent de dépassement [...] »[19]. Il faut y voir le moment spéculatif ou positivo-rationnel et finalement la caution de l'historicisme progressiste chez Hegel.

Finalement, Nietzsche ainsi que l'Ecole de Francfort et Walter Benjamin, s'inscriraient dans une pensée du dialectique (*das Dialektische*) et non de la dialectique (*die Dialektik*) favorisant l'opposition des contraires face à la sursomption (*Aufhebung*) hégélienne.

## 2. Les trois modèles de l'histoire

### a. Histoire monumentale et histoire universelle

Dans la seconde considération inactuelle, Nietzsche distingue explicitement trois types d'historiographie, donc trois façons d'écrire l'histoire, trois relations possibles à la mémoire collective, histoire de l'humanité. Ainsi : « L'histoire appartient au vivant pour trois raisons : parce qu'il est actif et ambitieux – parce qu'il a le goût de conserver et de vénérer – parce qu'il souffre et a besoin de délivrance. A cette triple relation correspond la triple forme de l'histoire, dans la mesure où il est permis de les distinguer : histoire monumentale, histoire traditionaliste, histoire critique »[20].

Walter Benjamin distingue quant à lui, dans ses *Thèses* de 1940, deux types d'historiographies antithétiques : l'histoire universelle[21] et le positivisme historique[22], auquel on peut joindre la philosophie de l'histoire de Walter Benjamin, messianique et critique. Il y aurait ainsi un parallèle indéniable entre l'histoire monumentale et l'histoire universelle (*Universalgeschichte*) ou entre le positivisme et l'histoire traditionaliste. Il conviendra enfin de marquer les divergences entre l'histoire critique au sens nietzschéen et le messianisme de Walter Benjamin.

L'histoire monumentale opère un tri sélectif dans le passé, elle peut exposer la gloire soit d'une nation soit de l'humanité. Elle cherche à mettre en évidence le grand et l'éternel. Nietzsche montre en quel sens l'histoire monumentale escamote cependant la réalité. Elle opère une falsification, « car tout ce qui vit en dehors de cette atmosphère de grandeur proteste. Il ne faut pas que rien de monumental puisse naître, voilà la devise qu'on nous oppose »[23]. L'histoire, c'est au fond la « croyance à la cohésion et à la continuité de la grandeur à travers tous les temps, c'est une protestation contre la fuite des générations et contre la précarité de tout ce qui existe »[24]. Lorsque l'histoire monumentale étouffe toute autre relation possible à la mémoire collective de l'humanité, alors une bonne partie du passé est oubliée, méprisée et on ne retient de l'histoire que quelques faits ou personnalités embellis, nous avons finalement affaire à une histoire artificielle et miraculeuse.

Finalement, Nietzsche condamne l'histoire monumentale puisqu'elle favorise le passé de prétendus grands personnages à l'encontre de l'énergie vitale du présent. Ainsi : « L'histoire monumentale est le travesti sous lequel se dissimule leur haine des grands et des puissants du temps présent, en se faisant passer pour l'admiration satisfaite des grands et des présents du temps passé. [...] ils inversent le sens de cette conception de l'histoire. Qu'ils en soient conscients ou non, ils agissent comme si leur devise était : laissez les morts ensevelir les vivants ! »[25]

Walter Benjamin condamne quant à lui vivement l'histoire universelle. Nous pouvons songer aux *Idées sur la* philosophie de l'histoire de Herder, à l'essai de Kant : *Idée d'une histoire universelle au point de vue cosmopolitique* ou aux thèses hégéliennes de *La raison dans l'histoire*. En effet, il y a une étroite relation entre l'histoire universelle et l'historicisme. Celui-ci peut être esthétique, comme chez Schiller dans les *Lettres sur l'éducation esthétique de l'homme*. Cette histoire universelle évolue dans un temps homogène, marqué par la continuité. Walter Benjamin propose alors comme tâche à l'historien matérialiste, c'est-à-dire critique, de faire éclater le continuum de l'histoire universelle, continuum universel et artificiel supposant le mythe progressiste. Ainsi : « La représentation d'une histoire universelle est liée à celle du progrès et de la culture. Pour que tous les instants, dans la chaîne du progrès, puissent être insérés en elle, ils doivent être ramenés au dénominateur commun de la culture, de la philosophie des Lumières, de l'esprit objectif [...] »[26] Et : « L'histoire universelle au sens d'aujourd'hui n'est rien qu'un genre d'esperanto (Elle exprime tout aussi bien l'espoir du genre humain que le fait le nom de cette langue universelle) »[27].

Mais la critique opérée par Walter Benjamin se distingue finalement de celle de Nietzsche. Celui-ci dans un élan vitaliste en appelle à l'oubli de la « pseudo » grandeur du passé afin de magnifier le présent. En opposition, Walter Benjamin fait appel à la remémoration d'un passé oublié, occulté par la falsification opérée par l'histoire universelle. Cette falsification – aussi dénoncée chez Nietzsche – nécessite une figuration homogène et continue du temps. Or, pour Walter Benjamin : « Le continuum de l'histoire est celui des oppresseurs. Tandis que la représentation du continuum aboutit au nivellement, celle du *discontinuum* est à la base de toute tradition authentique – la conscience de la discontinuité historique est le propre des classes révolutionnaires au moment de leur action »[28].

L'on doit donc finalement distinguer la remémoration révolutionnaire et messianique à l'œuvre chez Walter Benjamin du vitalisme nietzschéen selon lequel l'histoire doit servir le présent. Et cependant, la remémoration révolutionnaire chez Walter Benjamin ne signifie en rien la soumission du présent au passé, elle est la révélation messianique du cours catastrophique de l'histoire, qu'elle contribue à faire éclater. Walter Benjamin pose de plus les bases d'une révolution copernicienne en historiographie. L'historien ne doit plus se soumettre à l'objet passé, passivement, mais il doit l'aborder en vertu du présent, la remémoration du passé transformant aussi notre image du présent[29].

## b. Histoire traditionnelle et positivisme

Walter Benjamin et Nietzsche se rejoignent aussi dans leur critique commune vis-à-vis du positivisme. Nietzsche critique ainsi un certain positivisme routinier qu'il nomme traditionaliste. Ce traditionalisme finit par s'attacher aux détails et aux singularités insignifiantes de l'histoire. Ainsi : « Le traditionalisme d'un homme, d'une collectivité municipale, d'une nation entière a toujours un horizon des plus restreints ; ils ne voient point l'ensemble et le peu qu'ils voient, ils le voient beaucoup trop proche et trop fragmentaire »[30]. Le traditionalisme se perd ainsi dans le détail, il est incapable d'évoluer, de valoriser certains éléments du passé, on a donc affaire ici à un nivellement par le bas des valeurs historiques niées au profit de l'insignifiant. Finalement, Nietzsche porte le même constat que pour l'histoire monumentale : « […] on en vient à admettre comme également digne de respect tout ce qui est ancien et suranné, alors que tout ce qui ne respecte pas ces vieilleries, tout ce qui est neuf et en croissance est répudié et attaqué »[31].

Le danger, c'est donc l'affaiblissement des forces vitales au service du présent, affaiblissement dû à un goût manique des vieilles choses ou aux habitudes d'antiquaire de l'historien. Ainsi, le traditionalisme ne serait au fond capable que de déprécier la vie et non pas de l'entretenir. Ce traditionalisme opérant une vénération aveugle des antiquités peut même envahir les autres sciences du passé. On peut songer ici entre autres à l'érudition philologique. Mais l'antiquité vénérée par le traditionalisme s'exprime dans plusieurs domaines : « coutume ancestrale, foi religieuse, privilège politique héréditaire »[32]. Le traditionalisme historique se double donc d'un conservatisme politique. Walter Benjamin, quant à lui, porte sa critique à l'égard du positivisme allemand du XIX$^{ème}$ siècle, de Ranke ou encore à l'égard de Fustel de Coulanges. Il récuse le mot d'ordre de Ranke : « Décrire le passé tel qu'il a été »[33]. Cette formule lui semble chimérique. Elle implique l'objectivité, mais par là même la soumission passive à un passé réifié. Walter Benjamin dénonce aussi la recherche de l'intropathie en histoire comme chimère. Tel serait l'objet de la méthode de Fustel de Coulanges[34] qui recommandait la saisie de l'objet historique par le biais d'un positivisme étroit. Il s'agirait ainsi de coïncider avec l'événement ou l'élément historique, par *Einfühlung*, en niant tout contexte extérieur à cet objet.

L'objectivité positiviste serait donc en réalité une authenticité tronquée acceptant elle aussi finalement la réconciliation présupposée du réel et du rationnel. Le positivisme routinier manque donc d'esprit critique et ce, au plus haut point. L'identification de l'objet historique conduit finalement à une identification avec les vainqueurs de l'histoire. L'historien qui recherche, soit l'universalité soit la particularité insignifiante, finirait donc par s'identifier, sur le mode de l'intropathie, aux victoires. C'est pourquoi : « L'historien, s'identifiant au vainqueur, servira donc irrémédiablement les détenteurs du pouvoir actuel »[35]. Et Walter Benjamin de dénoncer l'héritage culturel de l'humanité comme étant un butin extorqué aux oubliés de l'histoire : « Tout cela ne témoigne pas de la culture sans témoigner, en même temps, de la barbarie »[36].

Mais la critique du positivisme recoupe celle de l'histoire universelle puisque bien souvent ces deux historiographies convergent. Les axiomes épistémologiques et méthodologiques de l'école historiciste allemande (Ranke, Treitschke, Meinecke) étaient ainsi empruntés aux sciences de la nature. On cherche à identifier le fait historique à un fait scientifique en ayant recours à une méthode inductive qui pratique la recherche de lois par abstraction sur des faits historiques. A ce positivisme méthodologique, se joint généralement une philosophie de l'histoire implicite. Le temps historique du positivisme, c'est un temps homogène, continu, linéaire, newtonien. A cette linéarité du temps historique, se joint alors généralement l'hypothèse du progrès continu de l'histoire. De plus, la caution idéologique du progrès est apportée par l'historien positiviste lequel naïvement a tendance à s'identifier aux vainqueurs. Ainsi : « Le continuum de l'histoire est celui des oppresseurs. Tandis que la représentation du continuum aboutit au nivellement, celle du *discontinuum* est à la base de toute tradition authentique »[37]. En opposition à cette vision de l'histoire définie comme projection sur un axe linéaire, Walter Benjamin opposera l'idée d' « une série discontinue de phénomènes originels »[38] faisant éclater le cours de l'histoire.

## c. Histoire critique ou messianique

Nietzsche et Walter Benjamin tendent à se disjoindre dans leur évaluation du troisième type d'histoire : histoire critique chez Nietzsche, et histoire matérialiste et messianique chez Benjamin. L'histoire critique chez Nietzsche doit permettre de dissoudre certains fragments du passé au profit du présent vital. La vie doit juger le passé et Nietzsche d'affirmer : « [...] tout passé mérite d'être condamné »[39]. Nietzsche ne proclame donc en rien un sauvetage du passé, un salut universel ou une sauvegarde des éléments ou des événements passés qui constituent la mémoire collective de l'humanité et finalement sa propre histoire. Ainsi peut-il affirmer : « [...] tout ce qui naît mérite de périr »[40].

Nietzsche récuse alors tout respect outrancier à l'égard du passé. Sa vision vitaliste, glorifiant l'énergie vitale du présent, lui permet d'accepter une certaine violence à l'égard du passé au sein même de l'histoire critique. Dans celle-ci : « L'ancienneté en est alors soumise à la critique, on porte la cognée à la racine, on fait cruellement abstraction de tout respect »[41].

Bref, la connaissance du passé ne doit être désirée qu'au service de l'avenir et du présent et non en vue de les affaiblir. On comprend alors en quel sens Nietzsche peut dénoncer l'esprit historique hypertrophié, hypermnésique, enchaîné au passé. Cette dénonciation se couple à une apologie de l'oubli et de l'animal qui mène une vie instantanée et donc a-historique : « L'animal vit une vie non-historique car il s'absorbe entièrement dans le moment présent, tel un nombre premier qui ne laisse pas derrière lui ce singulier résidu ; il ne sait pas dissimuler, ne cache rien et se montre à chaque instant tel qu'il est, il ne peut être que sincère »[42]. La condition humaine est à l'opposé puisque : « L'homme au contraire s'arc-boute contre le poids de plus en plus lourd du passé qui l'écrase ou le dévie, qui alourdit sa démarche comme un invisible fardeau de ténèbres [...] »[43].

Dans ces conditions, l'oubli peut être constitutif du bonheur. Etre heureux, ce serait posséder la faculté : « de se sentir pour un temps *en dehors de l'histoire* » [44]. Nietzsche en appelle à une libération vis-à-vis du passé, d'une mémoire collective hypertrophiée du passé et finalement traumatisante pour l'énergie vitale d'un peuple. La critique nietzschéenne annonce ici l'exposé freudien du traumatisme individuel. En effet, les hystériques souffrent eux aussi de réminiscences affectives ; ils ne peuvent digérer et intégrer leur passé. Dans un sens analogue, Nietzsche marquera le lien entre l'hypermnésie et la dyspepsie psychique facteur de trouble.

Malgré cela, Nietzsche n'est pas encore en possession du thème de l'éternel retour. Ici, il semble ouvertement privilégier le présent et l'avenir aux dépens du passé. En opposition, l'adhésion à l'éternel retour suppose une affirmation globale de la vie et finalement du temps dans son ensemble ; passé, présent, avenir. En effet, l'éternel retour efface les distinctions classiques du temps puisqu'il réconcilie la fugacité temporelle et l'éternité, l'être et le devenir. Notons que Nietzsche se présente dès les *Considérations* comme : « le disciple de l'antiquité, et surtout de l'antiquité grecque »[45]. Mais le thème de l'éternel retour ne s'affirmera que petit à petit, ultérieurement aux *Considérations inactuelles* (1873-1876).

Dans les années 1881 à 1888, ce thème s'explicitera sous la formule : *non alia, sed haec vita sempiterna*. C'est cette vie et non une autre qui est la vie éternelle. En conséquence, Nietzsche nous recommande une adhésion jubilatoire au réel tel qu'il est et donc au temps dans son ensemble : « Cette vie, telle que tu la vis maintenant, et telle que tu l'as vécue, tu devras la vivre encore une fois et d'innombrables fois ; et il n'y aura rien de nouveau en elle. [...] L'éternel sablier de l'existence ne cesse d'être renversé à nouveau – et toi avec lui, ô grain de poussière de la poussière ! » *(Gai savoir,* aphorisme 341, 1881-1887).

C'est lorsque l'on pense le pessimisme en profondeur que peut s'opérer un renversement paradoxal qui mène à l'affirmation de la vie et de la réalité. Ainsi, le surhomme ne se contente pas d'admettre et de supporter la réalité : « telle qu'elle fut et telle qu'elle est, mais [...] veut la revoir telle qu'elle fut et telle qu'elle est, pour toute l'éternité [...] crie insatiablement *da capo* en s'adressant non pas à lui, mais à la pièce et au spectacle tout entier. » (*Par-delà le bien et le mal*, aphorisme 56, 1886).

A l'opposé, Walter Benjamin propose une philosophie de l'histoire matérialiste et messianique – ce qui peut paraître comme un oxymore – par-delà les figurations classiques, linéaires et classiques de l'histoire. De plus, sa philosophie de l'histoire est inséparable du thème de la remémoration. Il récuse l'antinomie théorique de la thèse du progrès ou du déclin historique. Ces deux thèses se meuvent en général dans le cadre d'un temps homogène et continu. Ainsi, propose-t-il : « le dépassement du concept de progrès et celui du concept de déclin » qui « ne sont que les faces d'une seule et même chose » [46]. Walter Benjamin, dénonce ici l'arrière-plan historiciste qui prétend dévoiler l'avenir. Il ne se présente pas comme prophète d'une quelconque révolution à venir. Suivant la tradition juive de la Thora, il s'oppose fermement à tout acte de divination, de description de l'avenir. La saisie de l'histoire doit ainsi être avant tout commémoration ou remémoration.

Se remémorer le passé, c'est prendre conscience, opérer un réveil dialectique et messianique, sortir de l'état de léthargie ou de sommeil, bref de l'aveuglement entretenu par l'histoire universelle ou l'histoire positiviste. La remémoration comme réveil signifie dégrisement, démystification et finalement révolution copernicienne. Ainsi : « Le réveil est la révolution copernicienne, c'est-à-dire dialectique, de la remémoration »[47]. Dans le réveil, le passé n'est plus occulté au profit du présent mais c'est le présent historique lui-même qui se voit bouleversé et redéfini par une approche nouvelle, une remémoration inédite du passé. Le passé n'est plus un point fixe, objectivé, saisi à partir du présent, il opère en retour une action déterminante sur le présent.

La remémoration chez Walter Benjamin a pour objectif de sauver de l'oubli l'histoire des vaincus, histoire négligée dans la fresque de l'histoire universelle. Se remémorer, c'est prendre en charge la mémoire des oubliés et actualiser un passé oublié dans un présent historique frappé d'amnésie partielle. La remémoration (*Eingedenken*) se distingue du simple souvenir (*Andenken*) marqué par la passivité. La remémoration révolutionnaire et messianique réanime un passé que l'on croyait englouti ; elle opère une résurrection ou une illumination du passé. Cette remémoration fait rupture avec l'histoire traditionnelle. Elle est nécessairement discontinue puisqu'elle vise la mémoire des oubliés ; elle brise donc la continuité officielle de l'histoire universelle ou la frise chronologique positiviste. La remémoration se démarque nettement de la démarche positiviste. Ainsi, ce que la science a constaté, la remémoration peut le modifier. Se remémorer le passé, ce n'est pas seulement l'évoquer, c'est le dissoudre dans sa pseudo-continuité et opérer à l'instar du chiffonnier le sauvetage des débris de l'histoire. Il y va donc d'une reviviscence du passé par le biais de la lumière messianique remémoratrice.

Walter Benjamin ne propose donc pas - en opposition à Nietzsche - un vitalisme ou une apologie de l'oubli. Nietzsche luttait contre l'hypermnésie, inhibitrice au profit d'un présent libéré des fardeaux du passé. Walter Benjamin se tourne au contraire vers un passé oublié : celui des vaincus de l'histoire, et il en appelle à une remémoration intégrale qui seule peut surmonter l'occultation de ce passé. Ainsi : « Il est vrai que la possession intégrale du passé est réservée à une humanité restituée et sauve. Seule cette humanité rétablie pourra évoquer n'importe quel instant de son passé. Tout instant vécu lui sera présent en une citation à l'ordre du jour - jour qui n'est autre que le jour du Jugement dernier. » [48]. La remémoration comme sauvetage du passé, c'est aussi la rédemption messianique dans laquelle l'historien n'est qu'un prophète se tournant vers le passé[49]. Le messianisme de Walter Benjamin opère donc à rebours. Selon Stéphane Mosès, la remémoration (*Eingedenken*) exprimerait la catégorie juive du ressouvenir (*Zekher*)[50]. Ici, l'espoir messianique ne vise aucune utopie à réaliser ; il recherche l'actualisation d'un passé oublié, cette actualisation transformant le présent.

Cet appel remémoratif distingue nettement les entreprises de Walter Benjamin et de Nietzsche. Walter Benjamin peut ainsi affirmer : « Repensant une nouvelle fois, au XIX$^{ème}$ siècle, l'idée de l'éternel retour, Nietzsche dessine la figure de ce en quoi s'exécute maintenant la fatalité mythique. Car le retour est le non-générique (*die Essenz*) de l'accomplissement du mythe (Sysiphe, les Danaïdes) »[51]. Or, la pensée messianique, théologique, se distingue radicalement du paganisme mythique.

Daniel Bensaïd synthétise ces analogies et divergences dans les démarches de Benjamin et de Nietzsche : « A l'histoire monumentale, qui escamote, derrière la somptuosité de quelques îlots parés, de grandes nappes de temps indifférenciés, à l'histoire antiquaire, qui accumule et contemple docilement ce que la routine a toujours admiré, peut encore s'opposer une histoire critique qui juge et qui condamne »[52]. Si Nietzsche condamne le passé, Benjamin propose au contraire de réveiller les potentialités ou virtualités qui sommeillent en lui. Nietzsche oppose aussi la figure du Christ à celle de Dionysos, incarnation de l'éternel retour que l'on peut percevoir comme l'anéantissement périodique d'un passé digne d'être condamné. En opposition, Benjamin associe le présent non pas au jugement mais à une possibilité ultime ; celle de la rédemption. Alors, « le mythe de Nietzsche est une anti-histoire. La politique de Benjamin un anti-mythe »[53].

## Notes

1. Cf. *Considérations intempestives,* II, p. 197, Aubier Montaigne, 1964.
2. *Ibid.,* p. 383.
3. Cf. la troisième considération.
4. Cf. *L'Imagination dialectique, l'Ecole de Francfort 1923-1950,* Payot, 1989.
5. Préface, p. 12, Ed. Les Essais, Gallimard, 1974.
6. Cf. *Hegel et l'Etat*, Ed. Vrin, 1994.
7. Cf. Bernard Bourgeois, *La pensée politique de Hegel*, 1992, PUF, Paris, entre autres.
8. Cf. Nietzsche, *op. cit.*, p. 333.
9. *Ibid.,* p. 333.
10. Cf. *Nietzsche et la philosophie*, Paris, 1962, p. 223 et p. 9.
11. Cf. Nietzsche, *Ibid.*, p. 335.
12. Cf. Walter Benjamin, *Ecrits français*, Gallimard, 1991, p. 344.
13. *Ibid.*, p. 344.
14. *Ibid.*, p. 345.
15. Cf. Jean Granier : *Le problème de la vérité dans la philosophie de Nietzsche*, p. 49, Seuil, Paris, 1966.
16. *Ibid.*, p.52-53.
17. *Ibid.*, p. 53.
18. Cf. *Encyclopédie*, trad. M. de Gandillac, Gallimard, Paris, 1970, p. 140, ou trad. de Bernard Bourgeois, Vrin, 1970.
19. *Ibid.*, p. 140.
20. Cf. Nietzsche, *op. cit.*, p. 223.
21. Cf. Walter Benjamin, *Ecrits français*, *op. cit.*, p. 346 (thèse 17).
22. *Ibid.*, p. 342-343 (thèses 7 et 8).
23. Cf. Nietzsche, *op. cit.*, p. 225.
24. *Ibid.*, p. 229.
25. *Ibid.*, p. 237.
26. Cf. Walter Benjamin, *op.cit.*, Paralipomènes et variantes des thèses, p. 348.
27. *Ibid.*, p.350.
28. *Ibid.*, p.352.
29. Cf. Walter Benjamin, *Das Passagenwerk*, p.490-491, Ed. Suhrkamp es 1200, Francfort 1982, 2 volumes.
30. Cf. Nietzsche, *Considérations*, p. 243.
31. *Ibid.*, p. 243 et 245.
32. *Ibid.*, p. 247.
33. Cf. Walter Benjamin, *Ecrits français,* p. 342 (thèse 6).
34. *Ibid.*, p. 342 (thèse 7).

35. *Ibid.*, p. 343 (thèse 7).
36. *Ibid.*, p. 343.
37. *Ibid.*, p. 352.
38. Cf. Stéphane Mosès, *L'ange de l'histoire*, Seuil, 1992, p. 136, Paris.
39. Cf. Nietzsche, *Considérations intempestives, op.cit.,* p. 247.
40. *Ibid.*, p. 249.
41. *Ibid.*, p. 249.
42. *Ibid.*, p. 203.
43. *Ibid.*, p. 203.
44. *Ibid.*, p. 205.
45. *Ibid.*, p. 201.
46. Cf. *Das Passagenwek, op. cit.*, p. 575.
47. Cf. *Le livre des passages*, p. 406, traduction Jean Lacoste, Paris, Cerf, 1989.
48. Cf. Walter Benjamin, *op.cit.*, *Ecrits français* (thèse 3), p. 340.
49. *Ibid.*, p. 351.
50. Cf. Stéphane Mosès : *L'ange de l'histoire*, Editions Seuil, 1992, p.156.
51. Cf. Walter Benjamin : *Ecrits français*, p. 349.
52. Cf. Daniel Bensaïd : *Walter Benjamin, sentinelle messianique*, Plon, 1990, p.58-59.
53. *Ibid.*, p.58-59.

## **Simone Weil et Walter Benjamin : analogies et divergences**

### 1. Rappels biographiques

Simone Weil et Walter Benjamin ont élaboré deux philosophies de l'histoire en relation avec les événements majeurs de la première moitié du XX$^{ème}$ siècle : la révolution russe de 1917 et l'arrivée au pouvoir des nazis. La formation scolaire et universitaire de Simone Weil reste très classique puisqu'elle fut l'élève de Le Senne en philosophie à Paris avant de suivre les cours d'Alain de 1925 à 1928. Jusqu'en 1931, elle traverse une période de formation philosophique durant laquelle elle rédige quelques essais sur le temps et la perception, lesquels paraîtront dans les *Libres propos* en mars et août 1929. En 1930, elle rédige son diplôme *Science et perception chez Descartes*.

Dans une seconde période, de 1931à 1934, Simone Weil va opérer une rupture graduelle avec le rationalisme cartésien de son maître Alain, tout en s'engageant politiquement. Elle prend alors connaissance de la révolution russe et rencontre Boris Souvarine qui insistera sur la trahison de la révolution de 1917. En contact avec Panait Istrati[1], elle découvre l'URSS. Peu après, paraîtront le *Retour d'URSS* d'André Gide en 1936 et *Retouche au retour d'URSS*. En 1937, nettement plus critique à l'égard du monde soviétique, Simone Weil donne son interprétation dans divers articles dans *La révolution prolétarienne*, la *Critique sociale* ou *L'école émancipée*. C'est ainsi qu'en 1934 elle rédige un mémoire : *Réflexions sur les cause de la liberté et de l'oppression*, dans lequel elle stigmatise le marxisme. Corrélativement, Simone Weil va devoir affronter l'ascension hitlérienne au pouvoir et va entreprendre de nombreux voyages. En 1932 et 1933, elle publie un reportage : *La situation en Allemagne*. Son engagement dans le syndicalisme révolutionnaire la conduit à prendre position pour le P.O.U.M[2] durant la guerre d'Espagne, afin de contrer le fascisme. Cependant en 1936, elle est évacuée suite à un accident. Auparavant, en 1935, elle voyage au Portugal, où elle est frappée par la foi de simples pêcheurs.

Les années suivantes vont être marquées par un appel vers l'expérience mystique. De ce fait, en 1937 elle se rend à Assise, gagnée par la ferveur de la prière. En 1938, a lieu une semaine sainte à l'Abbaye de Solesmes. Les dernières années de sa vie ne feront qu'accentuer son mysticisme et son « nomadisme » puisqu'elle quitte Paris pour Marseille, puis part pour le Maroc, les Etats-Unis et finalement émigre à Londres où elle rentrera à l'hôpital Middlesex. Le 24 août 1943, elle meurt à Ashford, dans le Kent. Simone Weil a eu une vie brève, inachevée mais très intense, sans domicile fixe ou projet d'ancrage géographique.

Il en va de même de la vie de Walter Benjamin, véritable juif errant à la vie brève (1892-1940), lequel échoue en cette première moitié de vingtième siècle à Portbou, lieu de son suicide. Walter Benjamin vit à la charnière de deux siècles : son origine l'enracine dans le XIX$^{ème}$ siècle, au sein d'une famille sécurisante, alors qu'il devra affronter le XX$^{ème}$ siècle quelque peu dénudé, voire déraciné. Walter Benjamin va aussi faire face à la révolution russe et à l'ascension irrésistible du fascisme dans le monde germanique. Ces deux événements essentiels se conjuguent lors d'une rencontre à Capri avec Asja Lacis, révolutionnaire russe, en 1924. La même année, après la rencontre du fascisme en Italie, il rentre à Berlin.

En 1926, il se rend à Moscou où il est tenté par une adhésion au parti communiste. L'axe géographique de l'errance de Walter Benjamin est constitué par trois villes : Paris, Berlin, Moscou, sans point fixe ; Paris apparaissant l'objet d'une étude archéologique : *Paris, capitale du XIXème siècle.*

Lui aussi, à l'instar de Simone Weil, quitte Paris pour Marseille afin d'échapper à l'armée allemande. En 1940, il rédige ses « Thèses » : *Sur la philosophie de l'histoire.* Ses ultimes « Thèses » précèdent sa fuite vers le sud de la France. Les tentatives d'Adorno et d'Horkheimer pour lui procurer un visa d'émigration aux Etats-Unis restant infructueuses, Walter Benjamin gagne Marseille durant la deuxième quinzaine d'août. Le 25 septembre, il tente de quitter la France illégalement en franchissant les Pyrénées. Walter Benjamin étant déclaré apatride, puisqu'il était déchu de la nationalité allemande, ne put passer la frontière. Menacé par un alcade d'être livré à la Gestapo, il mit fin à ses jours en avalant de la morphine en grande quantité. Il mourut le 26 et fut enterré dans le cimetière marin de Portbou.

Le parallèle avec la vie de Simone Weil n'est toutefois pas identité absolue. La divergence entre deux philosophies de l'histoire, proche de la tragédie, se fonde entre autres sur le rapport au judaïsme. Si Simone Weil resta sur le seuil de la conversion au catholicisme, ce qui n'est pas sans rappeler Bergson, Walter Benjamin opta pour maintenir une certaine distance vis-à-vis du sionisme, ce qui ne nie point son obédience au judaïsme, à l'œuvre dans sa philosophie de l'histoire.

## 2. Simone Weil et le marxisme dans *Les Fragments* de *1933-1938*

Dans un article « sur les contradictions du marxisme », Simone Weil souligne les limites du « socialisme scientifique » (*Oppression et liberté*, Gallimard, 1955, pages 194 à 204). A l'instar de Walter Benjamin, ses écrits prennent la forme de fragments. Ce style de composition semble être parallèle au déchirement du monde extérieur. Elle dénonce chez Marx l'amalgame entre une méthode prétendue scientifique et des conclusions eschatologiques, sur la fin de l'histoire, manifestement extrascientifique. Le marxisme serait donc contradiction achevée s'exprimant dans l'analyse du présent capitalisme, anticipant sur un futur radieux, finalisé, cautionné par une doctrine prétendue scientifique. Ainsi : « Il y a contradiction, contradiction évidente, éclatante entre la méthode d'analyse de Marx et ses conclusions. Ce n'est pas étonnant : il a élaboré les conclusions avant la méthode [...] A cet effet, il lui a fallu donner un coup de pouce et à la méthode et à l'idéal, les déformer l'une et l'autre » (*OL*, p.195). Cette déformation conduit ainsi à un certain positivisme ou optimisme de Marx. Le XIX$^{ème}$ siècle est en effet le siècle de l'évolutionnisme, ce qui implique « le culte de la production, le culte de la grande industrie, la croyance aveugle au progrès » (*OL*, page 196). Simone Weil oppose à ce rationalisme proche des Lumières un retour à l'anarchosyndicalisme ; à Proudhon et aux mouvements ouvriers de 1848 (*OL*, page 196).

Récusant la sortie hors de la préhistoire au sens marxiste, Simone Weil pose ainsi la question : « Comment les facteurs d'oppression, si étroitement liés au mécanisme même de la vie sociale, devaient-ils soudain disparaître ? » (*OL*, page 198). Et de souligner le caractère aventureux d'une dialectique qui négligerait en dernier lieu la guerre (*OL*, page 200). En effet, la guerre, récurrente, indéracinable, entretient « l'exaspération des nationalismes », ce qui « empêche qu'on puisse raisonnablement croire à l'extension immédiate d'une révolution dans plusieurs grands pays » (*OL*, page 201). Simone Weil nie donc le Progrès, comme avatar laïcisé de la Providence. Le Progrès apparaîtra ainsi fonder l'illusion de la révolution, véritable « opium » de la classe ouvrière. Dans l'article « Fragments », daté de 1943 à Londres, elle réitère sa condamnation de la doctrine marxiste (*OL*, pages 205 à 220). Cette critique n'est toutefois pas unilatérale et totale puisque Simone Weil décèle des intuitions fécondes dans l'œuvre de Marx.

Le marxisme exprimait ainsi une contradiction insoluble entre la force et la justice. Il avait la prétention absurde de vouloir faire émerger par automatisme la justice de la force matérielle, ou encore la fin de l'histoire du désordre chaotique du capitalisme. Ainsi : « Le matérialisme révolutionnaire de Marx consiste en somme à poser, d'une part que la force seule règle les rapports sociaux, d'autre part qu'un jour les faibles, tout en demeurant les faibles, seraient quand même les plus forts. Il croyait au miracle sans croire au surnaturel. D'un point de vue strictement rationaliste, si l'on croit au miracle, il vaut mieux croire aussi à Dieu » (*OL*, page 208).

Simone Weil refuse cette version matérialiste de l'idolâtrie. En d'autres termes, la pure force matérielle, de l'ordre de la quantité, ne peut se transmuer en justice, de l'ordre de la qualité. L'idolâtrie, c'est ici la vision dialectique progressiste et historiciste. En outre, le marxisme opère un réductionnisme à la lutte des classes. En conséquence, Marx « a voulu oublier que les luttes des opprimés entre eux, des oppresseurs entre eux sont aussi importantes que les luttes mutuelles des opprimés et des oppresseurs et que d'ailleurs le plus souvent le même être humain est l'un et l'autre à la fois » (*OL*, page 213).

Sur ces prémisses, Simone Weil en vient à distinguer au sein du marxisme la doctrine et la méthode. Celle-ci est la plus solide, elle fournit la base à l'étude des sociétés ; c'est un instrument heuristique nécessaire à l'investigation des formes sociales. Ainsi, la méthode de Marx fait-elle de la société : « un objet d'étude scientifique en cherchant à y définir les rapports de force » (*OL*, page 215). Et Simone Weil de rappeler l'analyse de Marx dans les Manuscrits de 1844, entre autres, où il explicite l'aliénation et la condition ouvrière : « Il a trouvé une formule impossible à surpasser quand il a dit que le capitalisme a pour essence la subordination du sujet à l'objet, de l'homme à la chose » (*OL*, page 215). Marx serait donc héritier de Machiavel, de par son analyse de la force. Toute la faiblesse vient de la doctrine marxiste et de l'usage qu'en ont fait ses épigones. Cette faiblesse réside essentiellement dans son messianisme, au sens où l'entend Simone Weil, c'est-à-dire dans son attachement au matérialisme et au mythe du Progrès.

Simone Weil pose, quant à elle, l'évidence dur surnaturel ou encore de la grâce irréductible à la pesanteur matérielle. Cependant, cette grâce ne résulte pas d'un mécanisme matériel, idolâtre, mais elle vient d'une transcendance suprasensible : Dieu. La figure de Proserpine lui fournit une illustration de cette relation entre la pesanteur et la grâce : « La part de surnaturel ici-bas est secrète, silencieuse, presque invisible. Proserpine ne croyait pas changer sa destinée en mangeant un seul grain de grenade ; et dès cet instant, pour toujours, l'autre monde a été sa patrie et son royaume » (*OL*, page 217).

Simone Weil réitère des propos semblables dans l'article : « Y-a-t-il une doctrine marxiste ? » (*OL*, pages 221-254). Elle insiste sur l'aspect hypothétique de la doctrine marxiste et sur l'idolâtrie matérialiste lorsqu'elle se prétend visionnaire et souhaite annoncer « scientifiquement » le cours de l'histoire. L'illusion messianique de Marx irait ainsi s'amplifiant alors qu'il renoncerait à une philosophie du travail, encore à l'œuvre dans ses premiers écrits. Marx prétendait ainsi résoudre, par le biais du matérialisme, la distance infinie entre le bien et la nécessité, au sens où l'énonçait Platon (*OL*, page 229). Seule la vie religieuse permettrait de résoudre cette contradiction, au sens de Simone Weil. Elle oppose Platon à Marx ; le philosophe grec postulant la négativité de la *chora*, de la matière : « La matière sociale est le milieu de culture et de prolifération par excellence pour le mensonge et l'erreur. Telle est bien la pensée de Platon [...] Le christianisme a gardé cette image. La bête de l'apocalypse est sœur de celle de Platon » (*OL*, page 236). Donc, la grâce surnaturelle est-elle irréductible à la matière.

Par extension, l'optimisme marxiste finalisé constituerait une application au domaine social du lamarckisme et de son finalisme intrinsèque (*OL*, page 242-243). Simone Weil oppose à cet historicisme progressiste un démenti qui la rapproche de David Ricardo[3]. Elle postule aussi un épuisement possible du progrès technique : « Il n'y a aucune raison pour qu'en essayant de faire rendre davantage aux conditions de la production on les développe toujours. On peut aussi bien les épuiser. Cela se produit très souvent » (*OL*, page 244). En conséquence, Simone Weil récuse ce que Raymond Aron[4] nommera les religions séculières, c'est-à-dire la laïcisation de l'idée de Providence ; laïcisation présente au sein de diverses philosophies de l'histoire : l'hégélianisme, le marxisme, mais cette laïcisation était déjà à l'œuvre dans les opuscules sur la philosophie de l'histoire de Kant, et présente dans l'esprit général des Lumières. Cette dénonciation du mythe du Progrès, de l'évolutionnisme et de l'idolâtrie, introduit un rapprochement possible entre Simone Weil et Max Weber, via Raymond Aron.

Ce que Simone Weil nomme idolâtrie relève chez Max Weber de l'éthique de conviction, face à l'éthique de responsabilité. Ainsi, la mise en place de régimes totalitaires irait-elle de pair avec une éthique niant tout scrupule et affirmant alors : « La fin justifie les moyens ». Cette fin de l'histoire, *telos*, serait connue de ceux qui prétendent décrypter le cours de l'histoire et par là même imposent leur loi totalitaire. Tel serait le résultat de l'idolâtrie. A l'opposé, l'éthique de responsabilité vise plus la réforme que la révolution, exclut tout fanatisme et repose sur le scrupule.

Dans le même temps, et par un cheminement quelque peu différent, le philosophe allemand Walter Benjamin explicite une philosophie de l'histoire fragmentaire dans ses « Thèses » de 1940. Apatride, il rejoint Simone Weil dans sa dénonciation du mythe progressiste des Lumières, mais il entretient un rapport ambivalent au marxisme et au judaïsme, ce qui le démarque finalement du mysticisme de Simone Weil réaffirmé dans *L'Enracinemen*, (1943). Walter Benjamin et Simone Weil nous offrent donc ici deux testaments spirituels.

## 3. Walter Benjamin et les « Thèses » : sur la philosophie de l'histoire de 1940

Ces thèses sont le dernier écrit de Walter Benjamin, rédigé au printemps 1940. Elles font suite à la signature du pacte germano-soviétique d'août 1939. Elles expriment, notamment les désaccords de Walter Benjamin avec l'orientation du parti communiste allemand, l'échec du Front populaire en France, ou encore les grands procès de Moscou. Cependant, ces thèses ne sont pas uniquement le résultat d'une réaction circonstanciée face à des événements politiques. Elles impliquent une philosophie de l'histoire opposée à l'automatisme, au matérialisme mécanique ou encore à l'idéologie du progrès, héritée des Lumières.

La première thèse[5] dénonce l'automatisme du progrès comme croyance naïve. Ainsi, le joueur d'échecs, l'automate, incarne le matérialisme historique. Or celui-ci doit être *ancilla theologiae* pour triompher de l'optimisme matérialiste. En d'autres termes, l'apport de la théologie est nécessaire et complète le matérialisme. Par théologie, il faut entendre le messianisme de la tradition juive. Le messianisme de Walter Benjamin se distingue cependant de toute eschatologie de type optimiste. Le salut, ou le réveil, ne garantit en rien la réalisation du *telos* d'une histoire progressiste. Ce réveil rédempteur ne vise qu'au rachat du passé, ou encore à une lecture salvatrice des événements passés. Il s'agit ainsi de dénoncer l'illusion progressiste entretenue par l'*Aufklärung* et un certain marxisme. C'est pourquoi Walter Benjamin peut-il affirmer : « La rédemption est le *limes* du progrès [...] L'histoire universelle au sens d'aujourd'hui n'est rien qu'un genre d'espéranto, elle exprime tout aussi bien l'espoir du genre humain que le fait le nom de cette langue universelle », ou encore : « L'historien est un prophète qui regarde en arrière. Il tourne le dos à sa propre époque [...] »[6].

Dans ses sixième et septième thèses, Walter Benjamin dénonce l'historiographie positiviste qui entretient le mythe du progrès. Au sens méthodologique, l'insuffisance du positivisme apparaît dans la formule de Ranke qui vise à une reconstitution du passé : « tel qu'il a eu été ». A cette restitution neutre et neutralisant le passé, Walter Benjamin oppose le modèle rédempteur de la connaissance passée. En conséquence, l'historien doit-il se libérer de la tradition et du continuum des événements historiques. Il doit les citer à l'ordre du jour, dans un élan révolutionnaire. Cette citation est leur rachat dénonçant l'illusion historiciste d'un progrès continu. En effet, l'histoire telle qu'elle est écrite, c'est celle des vainqueurs qui entretiennent l'illusion du progrès. De plus, ces historiens positivistes s'identifient, par le biais de l'empathie (*Einfühlung*), aux vainqueurs du passé, prétendant rationaliser par là le cours de l'histoire. Mais par ce biais, ils ne font que l'occulter ou le défigurer. Or, Walter Benjamin peut affirmer de l'empathie, qu'elle a comme origine la paresse d'un cœur renonçant à capter l'image authentique du passé-image fugitive et passant comme un éclair. Fustel de Coulanges recommandait cette pratique d'identification affective à un passé révolu en occultant tout ce qui se serait passé ensuite ; cette méthode est pour Walter Benjamin à l'opposé du matérialisme historique.

Par ailleurs, cette paresse du cœur a longuement retenu les théologiens du Moyen-Age qui, la traitant comme un des sept péchés capitaux, sous le nom d'*acedia*, y reconnurent le fin fond de la tristesse mortelle. Flaubert semble bien l'avoir éprouvée, lui qui devait écrire : « Peu de gens devineront combien il a fallu être triste pour ressusciter Carthage ». Cette tristesse nous cédera peut-être son secret, à la lumière de la question suivante : à qui devront s'identifier les maîtres de l'historisme ? La réponse s'impose avec évidence : au vainqueur[7]. Ainsi donc, ce sont les vainqueurs qui font l'histoire ou qu'ils l'écrivent et ils tendent par là même à fixer irrémédiablement le passé : l'historien non conformiste se doit justement de faire éclater cette histoire des maîtres usurpateurs au profit de la mémoire des vaincus, véritables agents - dans l'ombre - de l'histoire. Walter Benjamin, s'il en appelle au messianisme juif, s'interdit toutefois tout jugement portant sur le futur. La lutte des classes n'apparaît plus comme le moteur inéluctable et irréductible du cours de l'histoire. La condamnation de l'illusion eschatologique au sein du marxisme prenait une forme analogue chez Simone Weil : « Ces illusions [...] qu'on nomme Progrès [...] une providence moderne, qu'on nomme l'Histoire (*OL*, pages 203-204).

Cependant, alors que Simone Weil dénonce toute illusion messianique relevant de l'idolâtrie matérialiste, Walter Benjamin redéfinit le sens du messianisme dans une version judaïsante, en opposition ouverte à la Providence laïcisée des Lumières, apparaissant entre autres chez Hegel dans *La raison dans l'histoire*. L'histoire universelle est donc un leurre. Et l'Ange de l'Histoire chez Walter Benjamin n'annonce rien, puisque son visage est tourné vers le passé. Il décrypte toutefois le cours de l'histoire comme catastrophique, là où nous apercevons une progression.

Dans le tableau de Paul Klee, *Angelus Novus*,

l'Ange a l'air de s'éloigner d'un point fixe sur lequel son regard semble figé. Ses yeux sont écarquillés, sa bouche est béante et ses ailes sont déployées. Le visage de cet ange est tourné vers le passé, emporté qu'il est par le tumulte, le tourbillon de l'histoire. Là où nous percevons une suite d'événements, l'Ange n'a qu'une seule vue, celle d'une catastrophe sans modulation ni fin, les décombres de l'histoire s'amoncelant à ses pieds. L'Ange cherche en vain à se pencher sur ce désastre, afin de panser les blessures et de ressusciter les morts, mais sa tâche est impossible. En effet, une tempête s'est levée, venant du paradis : elle a gonflé les ailes déployées de l'Ange qui ne peut plus les refermer. Cette tempête l'emporte inexorablement vers l'avenir auquel l'ange tourne le dos, dans le même temps les décombres de l'histoire montent jusqu'au ciel. Or, justement : « Nous donnons nom de Progrès à cette tempête »[8]. Walter Benjamin dénonce donc la croyance dans un progrès de l'émancipation, notamment dans la version sociale-démocrate de la IIème Internationale. Au lieu de mettre le prolétariat dans la perspective d'un *telos* historique, Benjamin ne perçoit qu'une catastrophe.

Le messianisme ici n'est que négatif et va à contre-courant, au sens où il ne peut que sauver, réveiller les morts, vaincus de l'histoire. Il s'agit alors de déceler dans les décombres de l'histoire une possibilité infime de rachat des opprimés. Ce rachat-réveil se fait par le biais de l'expérience remémorative et non commémorative. La remémoration révolutionnaire doit aussi se poser comme discontinuité historique, remise en question de l'ordre. Ce salut angélique rédempteur s'inscrit dans la tradition judaïque du *Tikkun*, ainsi que l'ont montré Michael Löwy ou Stéphane Mosès[9]. Le *tikkun*, c'est la remémoration révolutionnaire, et non pas l'illusion basée sur la perspective finaliste providentiel. L'erreur des socialistes fut, selon Walter Benjamin : « de décerner au prolétariat le rôle d'un libérateur des générations futures »[10], alors que l'essentiel du messianisme doit viser le passé. Ceci implique bien sûr la révision de la temporalité historique, autrement dit une rupture avec le temps continu et homogène de la mécanique newtonienne. Le temps historique est d'une toute autre nature, non additive, non cumulative, mais basée sur des ruptures messianiques. Walter Benjamin veut dépasser donc les figures antithétiques du déclin et du progrès[11] historique puisque ces figures impliquent la croyance en un temps homogène, continu et additif. Bref, Walter Benjamin ne fut le prophète d'aucune révolution. Il veut rompre avec la diachronie historique au profit de la synchronie, donc récuser l'historicisme de Ranke, de Treischke ou de Meinecke.

A une vision de type hégélien, réconciliant le réel et le rationnel projeté sur un axe temporel linéaire ou cycloïdal progressiste, il oppose la série de phénomènes discontinus. Aussi, la dialectique historique n'est pas pour lui un processus nécessaire, contrairement au marxisme orthodoxe ou à l'humanisme social-démocrate. La dialectique historique ne mène pas nécessairement à la victoire des opprimés et l'historien ne peut se contenter d'enregistrer les étapes du progrès. Si : « pour Hegel, le jugement de l'histoire est celui par lequel l'histoire juge les hommes, pour Benjamin c'est celui par lequel les hommes jugent l'histoire »[12]. Il n'y a donc pas d'équivalent ici entre le tribunal de l'histoire (*Weltgericht*) et l'histoire universelle (*Weltgeschichte*). Au contraire, pour Walter Benjamin, le jugement doit être remémoration (*Eingedenken*), empruntée au ressouvenir juif (*Zekher*). Donc, la catégorie centrale de la philosophie de l'histoire de Walter Benjamin n'est pas le progrès mais l'actualisation.

L'actualisation du temps (*Jetztzeit*), c'est en effet l'acte d'éclatement du continuum historique, acte étincelant et rédempteur. En ce sens, l'historien ne peut pas à proprement parler tirer des leçons de l'histoire puisqu'il est toujours en retard, l'histoire comme la politique sont donc vouées à prévoir tout au plus le présent. Comme l'énonce Hegel : « Pour dire encore un mot sur la prétention d'enseigner comme le monde doit être, la philosophie vient en tout cas, toujours trop tard [...] Lorsque la philosophie peint son gris sur du gris, une forme de la vie a vieilli et elle ne se laisse pas rajeunir avec du gris sur du gris, mais seulement connaître. La chouette de Minerve ne prend son vol qu'à la tombée de la nuit »[13].

Simone Weil reviendra, dans son ultime texte *L'enracinement* (1943), sur les limites de la philosophie de l'histoire et insistera sur une lecture discontinue du cours des événements. A l'instar de Walter Benjamin, elle récusera le mythe progressiste tout en donnant une lecture divergente du matérialisme. De plus, son refus de tout messianisme illusoire et du judaïsme sera parallèle à une reconnaissance du mysticisme.

## 4. La philosophie de l'histoire de *L'Enracinement*

Simone Weil réitère dans cette œuvre de 1943, sa condamnation de l'historicisme optimiste. Elle dénonce ainsi la laïcisation du concept de rédemption en concept de progrès. De la sorte affirme-t-elle : « Le dogme du progrès déshonore le bien en en faisant une affaire de mode » (*L'Enracinement* ou *E*, Gallimard, 1977, page 290). Contre l'hégélianisme et le marxisme, et très proche en cela de Walter Benjamin, elle énonce : « Il est absolument faux qu'un mécanisme providentiel transmette à la mémoire de la postérité ce qu'une époque possède de meilleur. Par la nature des choses, c'est la fausse grandeur qui est transmise », ou encore : « La transmission de la fausse grandeur à travers les siècles n'est pas particulière à l'histoire. C'est une loi générale » (*E*, page 293). Il s'agit donc de récuser la falsification opérée par l'histoire officielle tendant à réconcilier le réel avec une prétendue rationalité. Face à cette duperie, Simone Weil invoque alors une tradition négligée : « la partie muette, anonyme, disparue », partie qu' « il faut sentir » et aimer (*E*, page 293).

Certaines assertions de Simone Weil remettent en cause sans appel le tribunal de l'histoire conçu au sens hégélien : « Or par la nature des choses, les documents émanent des puissants, des vainqueurs. Ainsi l'histoire n'est pas autre chose qu'une compilation des dépositions faites par les assassins relativement à leurs victimes et à eux-mêmes. Ce qu'on nomme le tribunal de l'histoire, informé de la sorte, ne saurait juger d'une autre manière que celui des Animaux malades de la peste », souligné par Simone Weil (*E*, page 264). A cette formulation, fait écho la constatation tragique de Walter Benjamin quant au travail de l'historien en particulier et quant à la culture en général : « Rien n'est jamais un document de la culture, sans être aussi en même temps et en tant que tel un document de la barbarie » (*op. cit.*, page 356). Le caractère irréductible de la réalité ne peut être relevé par le *logos*.

Cette critique de l'idéologie progressiste des Lumières ou de l'Encyclopédie s'accompagne chez Simone Weil par une relativisation accordée à la Déclaration des droits de l'homme. Simone Weil pose alors comme essentiel l'obligation face au droit. En effet, le droit dérive de l'obligation puisqu'un homme seul doit ressentir l'obligation comme un besoin de l'âme. Le droit n'existe en effet que reconnu, alors que l'obligation existe indépendamment de la reconnaissance. De plus, le droit, afin d'être respecté, doit s'appuyer sur la force. Or, l'obligation transcende cette force et nous place dans la sphère de la justice. L'obligation ou le devoir sont donc de l'ordre du sujet tandis que le droit est de l'ordre de l'objet. Ainsi donc Simone Weil cherche-t-elle à faire dériver de l'obligation la relativité du droit (*E*, pages 9 à 18).

A ce couple antithétique, Simone Weil joint le couple force-justice ; ce dualisme rejoignant celui plus général de la pesanteur et de la grâce. Platon et Marx apparaissent ici comme deux théoriciens de la force au sein de la société. Platon nous rappelle l'action du gros animal (*OL*, page 238). Cependant, Simone Weil décèle une différence essentielle entre Platon et Marx. Aussi, Marx ignore-t-il « la possibilité d'exceptions opérées par l'intervention surnaturelle de la grâce » (*OL*, page 238). C'est la croyance marxiste en un mécanisme de la force qui marque les limites de la dialectique historique. De la même façon : « La force n'est pas une machine à créer automatiquement de la justice. C'est un mécanisme aveugle dont sortent au hasard, indifféremment, les effets justes ou injustes, mais par le jeu des probabilités presque toujours injustes » (*E*, page 306). La force tend à réduire l'être humain, à le massifier[14], l'uniformiser, le pouvoir des foules peut donc à tout temps être récupéré par le gros animal. Dans la masse, la puissance devient démesure et anonymat. C'est pourquoi donc la force de la masse pétrifie-t-elle ceux qui l'utilisent et ceux qui la subissent, ces réflexions anticipent la thématique du pratico-inerte chez Sartre dans la *critique de la raison dialectique*.

Face à cette massification, œuvre de la force, Simone Weil revendique la nécessité du besoin de l'ordre, besoin de l'âme. Le besoin comme partie indéracinable de notre être s'impose en tant que constituant impersonnel de notre être. L'ordre est ainsi le besoin suprême ou l'unité synthétique des besoins. Le besoin, à son tour, s'oppose au désir. Celui-ci est de l'ordre de l'illimité, de la démesure, alors que le besoin est limité et qu'il atteint son rassasiement. En ce sens, l'enracinement plaide pour un retour à l'ordre face à l'*hybris* totalitaire des régimes politiques. De cette manière : « Le premier besoin de l'âme, celui qui est le plus proche de sa destinée éternelle, c'est l'ordre, c'est-à-dire un tissu de relations sociales tel que nul ne soit contraint de violer des obligations rigoureuses pour exécuter d'autres obligations » (*E*, page 18).

La présentation des catégories chez Simone Weil s'opère donc sur un mode dualiste. De même, en va-t-il de la force et de la justice, du désir et du besoin, du droit et de l'obligation, ou plus généralement de la pesanteur et de la grâce. Ces dualités irréductibles couvrent un ultime dualisme constitutif du mysticisme de Simone Weil. Cet ultime dualisme est celui du personnel et de l'impersonnel, des valeurs moyennes face aux valeurs absolues. Ce mysticisme de l'impersonnel, niant toute providence finaliste, conduit Simone Weil vers l'expression d'un certain stoïcisme, exprimant l'amour impersonnel du cosmos. Ce mysticisme, bien entendu, se distingue radicalement du spiritualisme classique. D'ailleurs, Platon est le seul à se voir accorder une doctrine en opposition à Marx, justement par le fait que la doctrine platonicienne (au-delà de la méthode marxiste) nous dévoile l'ordre de l'univers. Or, cet ordre reflète l'impersonnel de la pensée humaine. Le mysticisme impersonnel tend donc à transcender le « je » et par là même conduit à la distinction du génie et du talent. Le génie, c'est l'impersonnel même, puisqu'il transcende l'individu dans l'ordre du cosmos. En opposition, le talent ne peut atteindre l'impersonnel puisqu'il reste soumis à l'intelligence personnalisée ou au moi.

C'est, entre autres, à partir de la distinction opérée par Simone Weil entre providence personnelle et providence impersonnelle qu'un exposé non-historiciste et non progressiste de l'histoire va s'élaborer. En ce sens, le spiritualisme sera rejeté comme méconnaissance du mysticisme, puisque le spiritualisme tente au fond d'extraire par idolâtrie, à l'instar du matérialisme, la justice de la force. Ces prémisses théoriques conduisent à un exposé discontinu des apports et des oublis historiques face au mysticisme.

Enfin, Simone Weil exprime un certain éclectisme puisque l'impersonnalité mystique ne semble pas être le privilège d'une religion ou d'une orthodoxie quelconque. Simone Weil souligne, pareillement, l'opposition de la Grèce à Rome ou au judaïsme, portant un jugement sévère et négatif, sur la civilisation romaine. En ce sens, elle affirme : « Les romains étaient une poignée de fugitifs qui se sont agglomérés artificiellement en une cité ; et ils ont privé les populations méditerranéennes de leur vie propre, de leur patrie, de leur tradition, de leur passé [...] » (*E*, page 66). Quant aux Hébreux, ils : « étaient des esclaves évadés, et ils ont exterminé ou réduit en servitude toutes les populations de Palestine » (*Ibid*). Les Allemands, sous le régime hitlérien, apparaissent alors comme un ultime avatar de ces religions ou empires basés sur l'esclavage. Cette condamnation de Simone Weil infirme non seulement toute hypothèse progressiste de l'histoire mais elle distingue définitivement le mysticisme impersonnel de l'Ancien Testament et plus précisément du judaïsme. Ce refus de l'Ancien Testament constitue une des raisons pour lesquelles Simone Weil restera sur le seuil d'une conversion totale au catholicisme. Cette négation du déracinement propre aux Hébreux écarte semblablement toute attirance envers le messianisme judaïsant. Le judaïsme présente en effet une religion personnifiée. Simone Weil se tourne, quant à elle, vers les sagesses orientales, grecques, dont les expressions majeures sont le platonisme et le stoïcisme. L'*amor fati* des stoïciens, en effet, comble le désir d'impersonnalité par le biais d'une identification à la nature, au *cosmos*. Simone Weil tend aussi, à plusieurs reprises, à identifier ou à rapprocher la sagesse stoïcienne du christianisme. « C'est de là que vient la conception stoïcienne de l'*amor fati* [...] L'ordre du monde doit être aimé parce qu'il est pure obéissance à Dieu » (*E*, page 363).

Cette obéissance exprimant un mysticisme impersonnel conduit à accepter, dans une tradition authentique, la tradition hindoue, mais aussi Osiris, Krishna. Cette acceptation s'accompagne d'un refus concomitant de la tradition juive. Par conséquent, Simone Weil refuse Moïse et les prophètes. De plus, il lui arrive de retrouver le Christ en Prométhée. Ce dernier est bien le rédempteur des hommes. Dans une optique semblable, elle accorde une même importance aux divinités mortes et ressuscitées, figurées par le grain, Perséphone, Attis, etc. En ce sens, Simone Weil peut affirmer : « Toutes les paraboles sur la semence répondent à la notion d'une providence impersonnelle (*E*, page 331). A toutes les traditions, il faut ajouter le pythagorisme, présent d'ailleurs dans l'œuvre de Platon. Simone Weil y souligne le rôle de la limite, le *peras*. De la sorte : « Les pythagoriciens disaient que l'univers est constitué à partir du déterminé et du principe qui détermine, qui limite, qui arrête. C'est lui toujours qui domine » (*E*, page 361).

Les sources authentiques vont toutefois être falsifiées par la tradition romaine avant de réapparaître ultérieurement. L'histoire présente donc une forme chaotique et irrégulière.

Simone Weil exprime cette déchéance. Ainsi, quand l'empire romain se convertit au christianisme, l'aspect impersonnel de Dieu aurait été occulté et l'on finit par faire de Dieu une doublure de l'empereur. L'opération fut rendue facile par le courant judaïque dont le christianisme est l'héritier. Selon Simone Weil : « Jéhovah, dans les textes antérieurs à l'exil, a avec les Hébreux la relation juridique d'un maître avec des esclaves. Ils étaient esclaves du Pharaon ; Jéhovah, les ayant tirés des mains du Pharaon, a succédé à ses droits » (*E*, page 341). L'impérialisme romain conduira à l'anéantissement de la Gaule et des religions des druides. Dans le même sens, ils critiqueront et extermineront pythagoriciens et chrétiens. Romains et juifs incarnent donc à ses yeux deux figurations de l'esclavage. Cette analyse va même la conduire à affirmer : « La conception romaine de Dieu subsiste encore aujourd'hui, jusque dans les esprits tels que Maritain. Il a écrit : « la notion de droit est même plus profonde que celle d'obligation morale, car Dieu a un droit souverain sur les créatures et il n'a pas d'obligation morale envers elles » (*E*, page 349). Il y a bien résurgence du judaïsme à travers Rome et résurgence de Rome à travers l'idolâtrie totalitaire d'un Hitler. D'un autre côté, s'affirme l'expression d'une sagesse figurant un mysticisme impersonnel. L'histoire présente alors une lutte continuelle de ces deux principes irréductibles. Dans le même sens, la philosophie de Simone Weil est bâtie sur une figuration dualiste des concepts : le besoin, le désir ; la limite, l'illimité ; la grâce, la pesanteur ; l'impersonnel, le personnel ; la justice, la force. Le salut réside finalement dans l'anéantissement du moi et dans l'obéissance à Dieu. Il ne s'agit plus tant de s'approprier l'absolu, tâche impossible, que de communier avec.

## Notes

1. Ecrivain roumain d'expression française, il formula en 1929, après un voyage en URSS, une vive critique du régime soviétique : *Vers l'autre flamme.*
2. Parti ouvrier unifié marxiste, mouvement d'obédience trotskyste.
3. Cf. ses *Principes d'économie politique*, 1817, où il s'oppose à l'optimisme d'Adam Smith en suivant quelque peu Malthus.
4. Cf. *L'opium des intellectuels.*
5. Cf. *Ecrits français*, Gallimard, 1991, p. 339, présentés par J. M. Monnoyer.
6. Cf. *Ecrits français*, p. 350-351.
7. *Ibid.*, p. 342-343.
8. *Ibid.*, p. 343-344.
9. Cf. *Rédemption et utopie*, chapitre 6, PUF, 1988 et Stéphane Mosès : *L'Ange de l'histoire*, Seuil, 1992, p. 93-181.
10. Cf. Walter Benjamin : *Ecrits français*, p. 345.
11. Cf. Catherine Perret : *Walter Benjamin sans destin*, éd. La différence, 1992, p. 120-121.
12. Cf., Stéphane Mosès, *op. cit.*, p. 156.
13. Cf. Hegel : Préface des *Principes de la philosophie du droit*, éditions Vrin, 1982, p. 58-59.
14. L'analyse d'Elias Canetti : *Masse et puissance*, 1960, se base sur des prémisses analogues.

## Walter Benjamin et l'Ecole de Francfort

Walter Benjamin se situe au pont de rencontre de la théologie et du marxisme. Son engagement s'exprime davantage dans la théorie que dans la pratique mondaine, ici-bas. En ce sens, ses écrits ne reflètent pas une pratique politique particulière, fut-elle celle de l'avant-garde. N'ayant pu s'identifier ni à Moscou ni à Jérusalem, la vie de Walter Benjamin s'est plutôt condensée sur Paris. De cette façon, il appartient bien à la tradition d'un marxisme occidental, celui-ci se focalisant sur l'Ecole de Francfort. Walter Benjamin ne fut pas membre à part entière de ce mouvement, il eut bien des démêlés avec la direction[1]. Cependant, Walter Benjamin énonce et annonce une philosophie de l'histoire telle qu'elle sera thématisée par l'Ecole. Martin Jay résume ce thème sous la forme suivante : « Vers une philosophie de l'histoire : la critique des Lumières »[2]. Cette critique est thématisée dans les « Thèses » de 1940, bien qu'elle soit déjà opérante dans le *Passagenwerk* ou encore dans l'essai sur Edward Fuchs[3]. Ici est annoncée une rupture avec la conception mécanique du temps. Walter Benjamin n'a pas fondé dans sa totalité une conception propre de la temporalité. Il propose une rupture avec le mondain, le temps spatialisé en termes bergsoniens. Cette rupture doit être involontaire, éveil et sortie de l'inconscient sur le modèle de Freud et de Proust. Cette rupture, qui est remémoration, nous plonge dans l'à-présent (*Jetz-tzeit*), formulé comme le *nunc stans* des mystiques[4].

Il faut cependant rappeler les développements analogues de la philosophie du temps dans la philosophie allemande[5]. Ainsi, chez Heidegger, trouve-t-on cette opposition entre le temps physique et le temps qualitatif. Le temps spatialisé de la science, esclave de la technique, se développe subséquemment dans un cadre vide. C'est le temps galiléen, le temps de l'échelle vide (*leere Skala*) mis en équation. Heidegger détermine ainsi un à-présent (*Jetzt-zeit)*[6]. Sur ce point, la distinction avec Walter Benjamin est cependant nette. Le *Jetztzeit* chez Heidegger est ainsi parallèle au concept vulgaire de temps mécanique. Il ne peut faire appel à la rupture messianique et théologique telle que l'entend Walter Benjamin. Cette critique de la temporalité réduite à son aspect mécanique et positiviste, sous l'influence de la pratique scientifique, apparaît aussi chez Georg Simmel et Erwin Panofsky[7]. Tous deux insistent sur la discontinuité propre à l'image historique ; l'histoire pouvant être histoire de l'art. Autrement dit, le temps culturel est irréductible au temps naturel.

Walter Benjamin radicalise cette opposition du naturel et du culturel pour dénoncer alors la fiction ou la fantasmagorie de tout caractère se réconciliant avec la réalité. C'est pourquoi, les dissensions entre le sujet et l'objet sont-elles insurmontables dans l'ici-bas. En d'autres termes, toute conception du progrès évolutif est niée, que ce soit sous une forme mécanique ou dialectique (loi de la négation de la négation). Tout comme chez les théoriciens de l'Ecole de Francfort, nous observons chez Walter Benjamin un déplacement des questions propres au marxisme. Aussi, la position de la lutte des classes comme moteur de l'histoire se voit liée au conflit plus vaste entretenu par les pôles que constituent l'homme et la nature. Walter Benjamin n'insiste alors pas tant sur la maîtrise de la nature que sur la libération de son potentiel, dans le sens de Fourier[7]. Cette rupture avec l'idée positiviste d'exploitation de la nature, héritière de l'idéal cartésien de domination et de maîtrise de la nature (*Discours de la méthode*), se retrouve comme leitmotiv dans l'Ecole de Francfort. Ce thème de domination d'une nature, objet d'inspection de l'esprit, idéologiquement neutre, en opposition à la *physis* antique, apparaît aussi comme *hybris*, démesure de la pensée moderne, se prolongeant dans l'*Aufklärung*.

La philosophie de l'histoire de Max Horkheimer et de Theodor Adorno se développe sur des prémisses analogues ; ce qui nous permet d'unifier schématiquement la philosophie de l'histoire de l'Ecole de Francfort[8]. Max Horkheimer s'élève dès 1930 contre les Lumières dans sa critique de la philosophie bourgeoise de l'histoire[9]. Le tournant de l'après-guerre radicalise cette absence de réconciliation entre l'homme et la nature. Toute téléologie et toute eschatologie de l'histoire semblent être mises hors d'atteinte. Telle est la philosophie de l'histoire développée dans l'*Eclipse de la raison* (1947), la *Dialectique de la raison* (1947), les *Minima Moralia* (1951) et enfin la *Dialectique négative* (1966)[10]. La filiation entre Walter Benjamin et Max Horkheimer se fonde sur le rejet du progrès. Alors que Max Horkheimer dénonce le darwinisme social dans son *Eclipse de la raison* (1947), Walter Benjamin annonce le danger et la mésinterprétation de ce darwinisme au sein de la social-démocratie, dans sa monographie sur Edward Fuchs[11]. Or, cette monographie est justement parue dans le journal de l'Ecole et cadre parfaitement avec la version ultérieure des « Thèses » de 1940. Walter Benjamin établit notamment un parallèle entre le darwinisme social et l'optimisme à la Bernstein.

L'influence de Walter Benjamin sur Adorno est tout aussi indéniable. Le second affirme ainsi dans la *Dialectique de la raison* (1947) que « toute réification est un oubli », ce qu'il avait déjà mentionné dans sa correspondance avec Walter Benjamin[12]. Y sont soulignés la parenté, l'oubli, de nature fantasmagorique chez Walter Benjamin. Il faut opposer à cette réification l'éveil, la remémoration de nature involontaire aboutissant à l'expérience. Theodor Adorno s'éloignera toutefois du messianisme bien que, dans les *Minima Moralia* (1951), la tâche du philosophe consiste encore à considérer toute chose « du point de vue de la rédemption »[13]. Cette rédemption sera finalement subordonnée à l'aspect irréductible de la réalité au *logos* et au conflit de l'homme et de la nature. La négation de la négation devient ainsi rêve de l'aliénation, ultime fantasmagorie - dans les termes de Walter Benjamin - tel est l'exposé de la *Dialectique négative* (1966). La philosophie doit aussi rompre avec toute promesse, sous peine d'être taxée d'instrumentalisme[14].

Walter Benjamin peut aussi être rattaché à l'Ecole de Francfort par le biais de son judaïsme. Mais ici les relations sont plus ténues. Dans le milieu judaïsant de l'Ecole de Francfort, nous pouvons mentionner Leo Lowenthal et Erich Fromm. Leurs développements présentent quelques points communs avec l'étude des thèmes abordés par Walter Benjamin. Erich Fromm a revalorisé le matriarcat, suite à une étude de Bachofen[15]. Walter Benjamin fait de même dans son « sauvetage » de Bachofen[16]. Mais ces deux auteurs en font un usage particulier et spécifique. Le patriarcat est ainsi condamné et mis en relation avec la conception positiviste de l'exploitation de la nature. A l'opposé, le matriarcat est censé autoriser la reconnaissance du potentiel naturel. L'image du patriarcat renvoie à cette image de la nature : objet de possession. Le matriarcat est objet de libération. Cette image, annonçant partiellement la philosophie de l'histoire ultime, semble être un des thèmes propres au milieu judaïsant. Dans celui-ci, la révolte contre le père est fortement prononcée, ce qui apparaît dans *Enfance berlinoise*. Comme l'indique Martin Jay[17], il semble que la revendication du matriarcat soit parallèle à l'appel libérateur lancé au potentiel de la nature. Inversement, la domination et l'exploitation de la nature seraient parallèles à la domination de la femme, dans l'esprit des Lumières.

Il ne semble toutefois pas possible de réduire l'image que se fait Walter Benjamin de la nature féminine, et par extension de la nature et de l'histoire, à son milieu judaïsant. La relation au judaïsme est aussi marquée, quoique moins profondément, par l'œuvre de Leo Lowenthal[18]. Celui-ci développe toutefois son activité de critique littéraire et par extension la critique de la culture de masse, ce qui le lie étroitement à Walter Benjamin. Cette critique de la dégradation de l'art, de la perte de son aura, est d'ailleurs reprise par Siegfried Kracauer ; elle s'articule autour des concepts d'*Erfahrung* et d'*Erlebnis*[19]. Ces concepts opératoires dans l'esthétique et la philosophie de l'histoire de Walter Benjamin seront ainsi thématisés dans la critique de la culture de masse. Notons qu'il semble illusoire de trouver un troisième terme permettant leur réconciliation. Walter Benjamin refuse toute médiation entre les catégories propres au messianisme et celles appartenant à la mondanéité. Autrement dit, il fait preuve non seulement de méfiance, mais aussi rejette la dialectique. Nous pouvons interpréter en ce sens la correspondance entre Theodor Adorno et Walter Benjamin. Le refus de la dialectique par celui-ci est soulevé dans la lettre du 10 novembre 1938. Adorno y prend ses distances par rapport à la monographie sur Baudelaire, destinée à la *Zeitschrift für Sozialforschung*. Walter Benjamin s'efforce ainsi, selon la méthode du montage apparentée au surréalisme, de faire coïncider des constructions particulières du XIX$^{ème}$ siècle avec l'image d'ensemble de ce même siècle. Tel est le rôle de l'image dialectique. Elle est opposition, de nature allégorique, du détail particularisé et de l'universel. Adorno peut alors dénoncer ces travaux comme s'apparentant à la magie et au positivisme, mais surtout comme faisant abstraction de la médiation[20]. Enfin, la réduction à la facticité résulterait de la volonté théologique qui appelle à nommer directement les choses par leur nom[21].

Walter Benjamin ne changera pas pour autant l'orientation de ses ultimes travaux. Il refusera toute idée de réconciliation, de médiation au profit de la simple collision du particulier et de l'universel. Autrement dit, pour cette vision « anti-dialectique », aucune particularité artistique ne peut être subsumée à l'universel[22]. Ainsi, la relation de la production sociale à la production artistique est-elle particularisée pour chaque œuvre d'art. Cette relation, Walter Benjamin la conçoit comme expression (*Ausdruck*)[22] et non comme détermination mécanique. Tel est l'objet de l'étude fragmentaire sur les Passages. Ce refus de la médiation conduit inévitablement à un certain dualisme historique distinguant le monde existant et le monde messianique. Cette partition se retrouve tout autant dans l'esthétique que dans la philosophie de l'histoire. Le symbole est ainsi fantasmagorie de la nature en opposition au caractère messianique de l'allégorie, qui est éveil (*Erwachen*), donc sortie hors du mythe. Les images dialectiques jouent un rôle parallèle face aux *Urbilder*. En outre, sur le plan de la philosophie de l'histoire tardive, le modèle dualiste se renforce. L'*Erfahrung* n'opère-t-elle pas un sauvetage (*Rettung*) - par le biais de la remémoration (*Eingedenken*) - de l'origine (*Ursprungsgeschichte*), en opposition avec l'homogénéisation du temps historique identifié par l'histoire universelle évolutive (*Entwicklungsgeschichte*) ? Enfin, ces oppositions ne recoupent-elles pas les différents degrés d'une interprétation nous dévoilant un contenu chosal (*Sachgehalt*) et la teneur de vérité (*Wahrheitsgehalt*) ?

# Notes

1. Sur ces relations, cf. Jean Lacoste, introduction au *Baudelaire*, p. 15-17, voir aussi l'article de Pierre Missac : « Du nouveau sur Walter Benjamin ? », Critique, 1969, numéro 267-268, p. 681-696.
2. Cf. Martin Jay : *L'imagination dialectique*, Payot, Paris, 1977, p. 287.
3. Cf. Walter Benjamin, *GS*, I, 2, p. 465-505.
4. Cf. Hannah Arendt, introduction aux écrits de Walter Benjamin : *Illuminations*, New-York, 1968.
5. Cf. Krista R. Greffrath : *Metaphorischer Materialismus. Untersuchungen zum Geschichtsbegriff Walter Benjamins*, Wilhelm Fink Verlag, München, 1981, p. 51-54.
6. Cf. Martin Heidegger, *Sein und Zeit*, M.Niemeyer Verlag, Tübingen, 1963, p. 421.
7. Cf. Georg Simmel : « Das problem der historischen Zeit » in *Philosophische Vorträge*, Berlin, 1916, Heft 12.
   Cf. Erwin Panofsky : « Zum Problem der historischen Zeit », in *Aufsätze zu Grundfragen der Kunstwissenschaft*, Berlin, 1964, p. 77-83.
8. Cf. la 11ème thèse (entre autres) de la philosophie de l'histoire, *GS*, I, 2, p. 698-699.
   Cf. *Das Passagenwerk*, les exposés, p. 45-77, et « Fourier », p. 764-799 (deuxième volume).
9. Cf. Martin Jay, *op. cit. passim.*
10. Cf. *Les débuts de la philosophie bourgeoise de l'histoire*, Paris, Payot, 1974.
11. Cf. *La dialectique de la raison*, Paris, Gallimard, 1964.
    *Eclipse de la raison*, Paris, Payot, 1974.
    *Minima Moralia*, Francfort, 1951.
    *Negative Dialektik*, Francfort, 1966.
12. Cf. « Edward Fuchs » (mai 1937) in *Zeitschrift für Sozialforschung*, VI, 2 mai 1937.
13. Cf. *La dialectique de la raison*, p. 248 et la lettre d'Adorno à Walter Benjamin du 29 février 1940 : « Toute réification est un oubli ».
14. Cf. Martin Jay, *op. cit.*, p. 313.
15. Cf. Martin Jay, p. 301, et Max Horkheimer : *Zur Kritik der instrumentellen Vernunft*, Francfort, 1967.
16. L'étude d'Erich Fromm paraît en 1934 dans la *Zeitschrift für Sozialforschung*, III, 2, 1934.

17. Cf. *GS*, II, 1, p. 219-233, 1935.
18. Cf. *op.cit.*, p. 300.
19. Celui-ci écrit un texte sur le caractère démoniaque dans la religion. Cf. le *Festschrift* présenté à Rabbi Nobel en 1921 et *Erzählkunst und Gesellschaft* ; *Die Gesellschaftsproblematik in der deutschen Literatur des 19 Jahrhunderts*, Neuwied und Berlin, 1971.
20. Pour les « textes de jeunesse », cf. entre autres : *Uber das Programm der kommenden Philosophie, GS*, II, 1, p. 157-171, *GS*, II 1, p. 213-219 : *Erfahrung und Armut.* Walter Benjamin en appelle déjà au dépassement du concept d'expérience tel qu'il est présenté dans le néo-kantisme. *Erfahrung*, in *GS*, II, 1, p. 54-56, 1913.
21. Cf. *Corr.*, II, p. 267-274. Page 269, Theodor Adorno y dénonce le réductionnisme à l'économie, et page 270 : « La détermination matérialiste des caractères culturels n'est possible que par la médiation du procès global ».
22. *Ibid.* Theodor Adorno fait ici allusion à la théorie théologique du langage de Walter Benjamin, p. 271. Cf. la philosophie du langage de Walter Benjamin, *GS*, II, 1, p. 140-157,1916.
23. Le commentaire de Jean- Marie Gagnebin va clairement dans ce sens. Cf. *Zur Geschichtsphilosophie Walter Benjamin*, p. 47, Erlangen, 1978.
24. Cf. *Das Passagenwerk*, p. 573-574, N1, 1a,6.

## Table des matières

**L'Harmattan Italia**
Via Degli Artisti 15; 10124 Torino

**L'Harmattan Hongrie**
Könyvesbolt ; Kossuth L. u. 14-16
1053 Budapest

**L'Harmattan Kinshasa**
185, avenue Nyangwe
Commune de Lingwala
Kinshasa, R.D. Congo
(00243) 998697603 ou (00243) 999229662

**L'Harmattan Congo**
67, av. E. P. Lumumba
Bât. – Congo Pharmacie (Bib. Nat.)
BP2874 Brazzaville
harmattan.congo@yahoo.fr

**L'Harmattan Guinée**
Almamya Rue KA 028, en face
du restaurant Le Cèdre
OKB agency BP 3470 Conakry
(00224) 657 20 85 08 / 664 28 91 96
harmattanguinee@yahoo.fr

**L'Harmattan Mali**
Rue 73, Porte 536, Niamakoro,
Cité Unicef, Bamako
Tél. 00 (223) 20205724 / +(223) 76378082
poudiougopaul@yahoo.fr
pp.harmattan@gmail.com

**L'Harmattan Cameroun**
BP 11486
Face à la SNI, immeuble Don Bosco
Yaoundé
(00237) 99 76 61 66
harmattancam@yahoo.fr

**L'Harmattan Côte d'Ivoire**
Résidence Karl / cité des arts
Abidjan-Cocody 03 BP 1588 Abidjan 03
(00225) 05 77 87 31
etien_nda@yahoo.fr

**L'Harmattan Burkina**
Penou Achille Some
Ouagadougou
(+226) 70 26 88 27

**L'Harmattan Sénégal**
10 VDN en face Mermoz, après le pont de Fann
BP 45034 Dakar Fann
33 825 98 58 / 33 860 9858
senharmattan@gmail.com / senlibraire@gmail.com
www.harmattansenegal.com

**L'Harmattan Bénin**
ISOR-BENIN
01 BP 359 COTONOU-RP
Quartier Gbèdjromèdé,
Rue Agbélenco, Lot 1247 I
Tél : 00 229 21 32 53 79
christian_dablaka123@yahoo.fr

Achevé d'imprimer par Corlet Numérique - 14110 Condé-sur-Noireau
N° d'Imprimeur : 130277 - Dépôt légal : juin 2016 - *Imprimé en France*